LA MONTAGNE DES VANITÉS

Les secrets de Davos

Collection dirigée par Jean Bothorel

Titre original : *The Agony of Mammon*

15, rue Victor-Cousin 75005 Paris (France)
www.maisonneuve-et-larose.com

Lewis Lapham

LA MONTAGNE DES VANITÉS

Les secrets de Davos

Traduit de l'anglais
par Marie-José Capelle

Récit

MAISONNEUVE & LAROSE

"La pauvreté est considérée comme une anomalie par les gens riches. Il leur est très difficile de comprendre qu'on ne se contente pas d'agiter une clochette quand on veut passer à table."

Walter Bagehot

Tous les ans, vers la fin janvier, ils quittent les basses terres de notre planète pour les cimes baignées d'optimisme du Forum économique mondial de Davos en Suisse. Et là, sur les hauteurs de ce sommet qui a fourni à Thomas Mann le cadre de la Montagne magique, ils méditent sur les mystères de la création capitaliste. "Ils" ? Les chefs mécaniciens de cette colossale machinerie — baptisée "l'économie mondialisée", "Moloch" ou "Dame Fortune" — qui engendre la richesse des Nations. Sans doute est-elle, à bien des égards, source de libéralités, voire de stabilité, elle n'en est pas moins dépourvue des principales facultés humaines, parler et réfléchir. Les chefs mécaniciens le savent, parfois même cette évidence les préoccupe, mais, enflés d'amour propre, ils se plaisent à penser qu'ils gardent la maîtrise de leur machinerie et que ce n'est point elle qui les domine. Ils ne veulent pas se voir tels qu'ils sont, de simples factotums qui entretiennnent la chauffe d'une fournaise aveugle et impitoyable. Et leur désir d'exister sous un jour plus glorieux — comme opérateurs économiques ou capitaines d'industrie — est si grand, qu'ils gravissent, tous les ans, les pentes de Davos.

La chance me fut donnée, l'hiver 1998, de participer à cette ascension, les organisateurs m'ayant dispensé des 18.984 dollars de droits d'inscription, eu égard à mon statut de journaliste, éventuel fournisseur d'épithètes gratifiantes. Comment aurais-je pu refuser cette offre avantageuse ? A ce sommet se trouveraient tous ceux à qui les gouvernements des cinq continents confient la gestion de l'argent du monde entier. En quel autre lieu me serait-il donné de calculer le cours du mark allemand en tenant compte des incendies de forêt au Brésil, ou de deviner le coût des bombardements en Irak à partir du nombre des navires croisant dans le canal de Suez ?

A cette altitude de quinze cents mètres, le vent porteur de l'événement attisait l'ardeur de l'attente : cinq jours et six nuits de débats exceptionnels auxquels prendraient part — venues de cent cinquante pays différents — des personnalités de tout premier plan. Deux mille au moins qu'il serait très flatteur de côtoyer : chefs d'Etats, ministres des finances, têtes pensantes du monde politique, physiciens lauréats du prix Nobel, chefs d'entreprises aussi innombrables qu'aiguilles de pin sur le sol d'une forêt. Un programme ininterrompu de séminaires aborderait tous les sujets imaginables : la banqueroute à Djakarta, l'avenir d'Internet, les perspectives de la Roumanie, le plan des champs de pétrole à Bakou... Enfin, cerise sur le gâteau, on pourrait assister à des avant-premières sur invitation personnelle de George Soros et de Bill Gates...

Je pris le train à Zurich le jeudi 29 janvier après-midi, changeai à Landquart et, durant la longue et patiente ascension du Prättigau, tandis que montagnes, arbres et villages enneigés défilaient comme autant de cartes postales, je passai le temps à me rémémorer le roman de Mann. S'il se termine dans la boue et le sang de la Première Guerre Mondiale, l'action se déroule essentiellement dans un sanatorium de Davos et la morale de l'histoire porte sur les errements d'un groupe social qui s'enrichit inexorablement, égaré dans le labyrinthe opulent du capitalisme bourgeois de la fin du XIXe siècle. Les personnages principaux — un Italien humaniste, un Hollandais pragmatique, des Russes nihilistes et d'autres encore... — présentent les symptômes d'une maladie que Mann assimilait à une asphyxie de l'esprit provoquée par un confinement trop long dans les vapeurs dorées d'une richesse stupéfiante. Ils arrivent, porteurs des divers types de sagesse conventionnelle, à la mode dans l'Europe de cette période, et avec l'espoir de se guérir, non seulement de leur altération physique, mais aussi de leur dégradation spirituelle.

Bien que le roman ne me revînt en mémoire que de façon schématique et incomplète, je me souvenais du chef de clinique, Hofrat Behrens, comme d'un homme en blouse blanche, affairé, énergique et d'une confiance débordante dans la démarche scientifique. Je me rappelais aussi que personne ne se rétablissait et que Mann avait attribué le rôle de l'anti-héros à Hans Castorp, un jeune ingénieur de Hambourg, qui ne découvrait qu'aprés avoir rencontré la belle mais inquiétante Madame Claudia qu'on lui avait assigné une mission impossible.

Je descendis à Davos-Platz, une station après celle où était descendu Castorp un jour de l'été 1907 et, bien qu'aucun cousin tuberculeux ne m'attendît avec un cabriolet de couleur jaune tiré par deux chevaux bais, il ne me fallut pas longtemps pour apprendre qu'on m'avait attribué une chambre au Schatzalp Berghôtel, un ancien sanatorium, celui-là même où Mann avait installé ses phtisiques échappés des salles de bal de la Belle Epoque. On y accédait par un funiculaire. Le bâtiment et ses pavillons de verre avaient été transformés en hôtel de luxe à la fin des années trente à la demande d'un gouvernement nazi soucieux d'offrir du confort à ceux de ses officiers supérieurs qui avaient besoin de souffler avant de reprendre leur tâche de destruction. Destruction d'une civilisation dans laquelle les personnages de Mann n'avaient rien trouvé qui vaille la peine d'être préservé ou défendu.

Tout en remplissant ma fiche à la réception de l'hôtel, je demandai au concierge si les clients cherchaient parfois à se faire attribuer les chambres qu'avaient occupées les personnages du roman de Mann. Ma question fit naître sur ses lèvres un sourire poli mais quelque peu déconcerté. Il connaissait bien entendu ce roman — dont le titre et l'auteur figuraient sur les prospectus de l'hôtel - mais non, jamais aucun des clients ne l'avait mentionné. S'il n'ajouta pas que son établissement accueillait une clientèle — stylistes italiens, industriels allemands, hommes d'affaires américains — peu susceptible de s'intéresser à des reliques littéraires, il me fut aisé de déduire de son comportement, vif et efficace, que toute question concernant Mann et son sanatorium était déplacée. Moins que ne l'auraient été des questions sur la façon dont la Luftwaffe et la Gestapo s'étaient ultérieurement réparti l'espace ? En tout cas, pas du meilleur goût au moment où nous étions tous là, réunis pour ce sommet du nouvel ordre économique mondial.

Le directeur adjoint me remit une clef, m'informa que le service du funiculaire s'interrompait à deux heures du matin, m'indiqua comment me rendre aux pistes de ski et à la station thermale, et me conseilla de porter des chaussures à semelle de caoutchouc pour déambuler dans les rues de Davos. A cause de la glace, dit-il, surtout la nuit, quand on a du mal à la voir.

Il faisait déjà presque nuit quand je pus enfin contempler les paysages majestueux depuis les terrasses de l'hôtel et entamer ma descente vers la longue et sinueuse promenade qu'est l'artère principale de Davos. Ne trouvant de chaussures à semelle de caoutchouc dans aucun magasin, je poursuivis prudemment ma marche jusqu'au Centre des Congrès, reconstruit en 1990 dans le seul but d'y accueillir la réunion annuelle du Forum. Il se dégageait de la structure du bâtiment cette morosité qui caractérise le style institutionnel moderne. Alors qu'une grande partie de sa masse se fondait derrière un talus à fort escarpement et s'y enfonçait, le Centre des Congrés n'offrait aux regards qu'un profil très bas, et l'impression qu'il produisait, celle d'un blockhaus, était renforcée par la présence de soldats suisses armés de mitrailleuses.

Le temps passé à franchir les contrôles de sécurité fut aussi long qu'il l'aurait été à la Maison Blanche et, sitôt après la dernière barrière, je me trouvai plongé dans un tumulte de sons et de lumière. Des réunions avaient commencé de se tenir tôt ce matin-là. L'agitation qui régnait m'évoqua instantanément le bâtiment des Nations Unies à New York quand arrivent de mauvaises nouvelles d'Afrique de l'ouest : une foule de gens plongés dans leurs préoccupations, porteurs de documents d'une importance extrême, se hâtant en tous sens ; des langues aux accents divers s'entre-mêlant — avec une prédominance de l'anglais mais aussi beaucoup de français et d'allemand ; des équipes de télévision réalisant des plans fixes d'Elie Wiesel et du président argentin en pied ; tout le monde ou presque parlant dans son téléphone cellulaire. A l'accueil, une charmante jeune fille me remit un badge blanc portant mon nom et ma photo d'identité ainsi qu'un code informatique, sésame de la circulation interne au Forum. Ce badge, je devais le porter constamment en sautoir. Il me désignait comme participant et par conséquent comme une personne d'importance : personne à qui l'on avait attribué un statut supérieur à celui des membres de la presse envoyés en reportage, lesquels avaient reçu des badges oranges et devaient être traités avec un mélange approprié de pitié et de mépris.

Une autre jolie fille, derrière un autre comptoir, me remit un sac à bandoulière en toile qui regorgeait de renseignements utiles : un plan du Centre des Congrès, un répertoire, plus de mille pages imprimées en petits caractères, fournissant les noms et qualités de tous les participants ; des allusions au colloque de l'année précédente, faisant toutes ressortir une absence de clairvoyance quant à l'effondrement de l'économie asiatique ; un guide des meilleurs restaurants de la ville.

Bien que riche de toutes ces données, je fus incapable de décider à laquelle des deux réunions de l'après-midi — l'une sur El Niño, l'autre sur les robots — je devrais assister. Impuissant à résoudre ce dilemme et attendant le moment où Helmut Kohl, le chancelier allemand, prononcerait le discours d'ouverture, je m'assis à une table de l'un des cinq cafés du Centre et, comme un écolier, m'appliquai à lire les documents contenus dans le sac. Le Forum avait choisi pour thème “Priorités pour le XXIe siècle”. Les textes resplendissaient de publicités en couleur annonçant la présence à Davos d'un nombre impressionnant de compagnies parmi les plus grandes dans le monde, dont Du Pont, Volkswagen, Swissair, Texaco et Anderson Consulting... Elles arboraient tous les signes de la philanthropie et toutes se présentaient comme déterminées à “élargir les horizons” et à “trouver une harmonie dans la diversité”.

Le programme des manifestations précisait le lieu, l'heure et le nom des principaux intervenants pour chacune des trois cent dix réunions prévues, dans les douze auditoriums et salles de conférences du Centre ainsi que dans l'un ou l'autre des grands hôtels. A ma grande surprise, les inévitables présentations des sujets économiques et politiques étaient émaillées d'un bon nombre de réflexions à dominante métaphysique portant, par exemple, sur les conséquences du projet de génome humain, sur le problème de la mort ou sur celui du clonage.

La liste des noms faisait apparaître une répartition, en trois catégories, des personnages éminents qui occupaient le devant de la scène : quelque mille hommes d'affaires représentant des actifs industriels d'environ quatre mille milliards de dollars — soit une somme supérieure au budget global de tous les gouvernements membres des Nations Unies ; cinq cents hommes politiques ; cinq cents intellectuels déjà connus ou d'avenir.

Pas encore au bout de ma lecture et alors que j'en étais à la réunion soixante et onze "Organisation et fonctionnement du monde des affaires chinois", je remarquai, grâce à son badge, que l'homme assis en face de moi arrivait de Pékin. D'un ton engageant, je lui montrai la page du dossier et j'émis l'idée que les affaires étaient probablement florissantes en Chine à l'heure actuelle. “Oh oui, dit-il. Il y a quatre ans, zéro téléphone cellulaire ; aujourd'hui, vingt millions. Il y a quatre ans, pas d'annonces d'appels téléphoniques dans les hôtels, aujourd'hui quarante millions.”

Il affichait le sourire zélé d'une personne pleine d'enthousiasme pour la nouvelle religion à laquelle elle vient de se convertir ; il avait environ vingt-sept ans, était sûr de ce qu'il avançait et avait incontestablement assimilé des statistiques en quantité suffisante pour justifier la construction d'une usine d'engrais à Harbin, d'une manufacture d'armes nucléaires à Xinjiang ou d'un parcours de golf à Shanghai. Notre conversation prit rapidement fin car il avait un rendez-vous avec des membres de Motorola, mais il me fut donné d'entendre au cours de ces quelques minutes ce qui n'allait pas tarder à m'apparaître comme le principal leitmotiv du Forum : “Vous savez, à l'heure actuelle en Chine, nous dépensons 750 milliards de dollars pour les infrastructures, mais au cours des deux derniers mois nous avons mis à pied un million de cheminots. On pourrait dire que l'absence de démocratie, chez nous, est une bénédiction. En Europe ou en Amérique, il y aurait des problèmes.”

L'homme de Pékin n'était animé d'aucune intention particulière, il me dit cela comme par inadvertance, au hasard d'une remarque impromptue, en s'excusant de devoir prendre congé pour être à son rendez-vous au "Niveau 3 Promenade".

Helmut Kohl arriva en retard et s'exprima en allemand. Il y avait foule dans le hall des Congrès, le plus grand des auditoriums du Forum, où les auditeurs, massivement attirés par la présence du chancelier, étaient contraints de se tenir tous debout. Parmi ceux dont la tenue vestimentaire était la plus soignée, je reconnus plusieurs collaborateurs attitrés de journaux américains ainsi que quelques présidents de sociétés dont j'avais vu la photo dans *Fortune* et *Business Week*. Des caméras réparties dans le hall projetaient l'image du chancelier, prise sous différents angles, sur un grand écran de télévision à l'arrière de l'estrade. Ainsi agrandi, Helmut Kohl ressemblait à un gigantesque oiseau de proie jetant un regard désolé sur une rangée de rats des champs.

Il était venu dire que l'Union monétaire européenne était un fait acquis à propos duquel il ne voulait plus entendre de protestations. Certes, elle ne se ferait pas sans difficultés — tout était toujours difficile — mais ce qui était fait, était fait. A Francfort on imprimait déjà les billets en euro, la nouvelle monnaie qui serait mise en circulation le 1er janvier de l'an 2002 ; et il en avait assez d'entendre de vains discours à propos de cette décision comme de ses éventuelles conséquences sociales et politiques. Son irritation l'amena à exprimer le regret que les pessimistes de Londres et de Copenhague n'aient jamais eu l'occasion de rencontrer sa mère, une femme merveilleuse, aussi avisée que volontaire, qui avait enseigné à ses enfants à manger ce qu'on leur proposait à table, sans soulever la moindre objection. “C'est ainsi que nous avons appris à finir nos assiettes”, dit-il. L'Allemagne avait mangé ce qu'il y avait dans son assiette — sous entendu, elle s'était conformée à la discipline financière imposée par le traité de Maastricht et le moment était venu pour les Italiens comme pour tous les autres Européens de finir leur plat. L'euro était une bonne chose pour les gens et plus tôt ils apprendraient à l'apprécier, mieux cela serait.

Kohl parla d'abondance et de manière ampoulée. Je remarquai qu'il nous était permis de sortir dans le couloir pour téléphoner ou échanger quelques cartes de visite et de revenir écouter les interminables commentaires du chancelier. Au cours d'une de mes brèves escapades, je croisai Peter Foges, un producteur de documentaires pour la chaîne de télévision PBS qui, lorsque je l'avais rencontré à New-York, s'intéressait assidûment et à la bourse et au romantisme allemand. Comme j'étais, m'apprit-il, un participant à badge blanc et non orange, j'appartenais à ce groupe que les commanditaires du Forum nommaient “le club des chefs de file des médias”. Cette distinction honorifique s'accompagnait le soir même d'une invitation à dîner à l'hôtel Rinaldi à laquelle Foges m'incita à me rendre. Cela faisait cinq ans qu'il venait à Davos au titre de producteur de *Adam Smith's Money World* (*La richesse des nations selon Adam Smith*) et il devinait que le novice que j'étais avait grand besoin d'un surplus de renseignements et de conseils.

Le restaurant de l'hôtel Rinaldi était digne d'une carte-postale : poutres au plafond, bocks de bière derrière le bar, panneaux décoratifs de bois sculpté, serveuses en costume villageois qui auraient pu figurer dans “La mélodie du bonheur”. La plupart des autres dirigeants des médias, présents dans la salle, étaient des journalistes américains que je connaissais en leurs qualités moins flatteuses de pigistes pour le New Yorker, de collaborateurs au *Newsweek* et au *Wall Street Journal*, de rédacteur en chef du *Foreign Affairs*. Une auguste assemblée, mais que je n'avais jamais vue aussi déprimée. L'affaire Monica Lewinsky ne datait que de deux semaines et avait porté un réel coup à l'amour propre de tout un chacun. Le président Clinton ne les avait pas soutenus et les avait mortifiés face à leurs pairs européens. Il avait ramené leurs organes d'information au rang de feuilles de chou et remis en question leur réputation de gardiens de la conscience américaine, de protecteurs de la morale publique. Comment cet homme pouvait-il se comporter aussi mal ? Que Clinton soit un grand séducteur, toujours prêt à jongler avec la vérité, cela ils le savaient, bien avant son élection à la présidence, à l'automne 1992. Mais de là à forniquer dans les couloirs de la Maison blanche ? Avec une grosse fille ? Avec une Californienne tout droit sortie d'un soap-opéra de Aaron Spelling diffusé aux heures de grande écoute ? C'était intolérable. Cela dépassait tout entendement. C'était insupportable.

Les manifestations de dignité offensée se prolongèrent jusqu'à la fin du cocktail puis, au cours du dîner, la conversation glissa vers Saddam Hussein, qui était, cette semaine-là, à l'origine de l'autre scandale qui faisait la une de tous les journaux. Interprétés comme des variations sur le thème de l'humiliation et de l'échec, les deux sujets constituaient la base commune à une mise en accusation des Etats Unis, Etat dominateur, bouffi d'orgueil, présomptueux et isolationniste, affaibli par un président qui ne savait pas résister aux tentations. Hussein était de toute évidence un monstre, un fou à éliminer. Mais où les Américains trouveraient-ils l'autorité morale nécessaire pour le faire ?

Par la teneur et le style de leurs propos, les dirigeants des médias américains donnaient à entendre qu'ils souhaitaient être perçus comme des hommes d'Etat venus à Davos discuter d'affaires graves : la dévaluation du baht thaïlandais ; l'effondrement de la roupie indonésienne et du won coréen ; les répercussions probables de la crise économique en Asie sur Tokyo et sur Moscou ; les raisons pour lesquelles le Congrès des Etats-Unis — une triste bande de politiciens provinciaux, certains sachant à peine lire et presque tous mal habillés — ne voulait pas ratifier la loi sur le commerce, faisait barrage aux affectations de fonds pour le FMI et refusait le milliard et demi de dollars que devaient les Etats-Unis à l'ONU. De toute évidence, la guerre froide n'était plus le sujet d'importance à propos duquel il fallait être sérieusement informé pour tenir son rang de journaliste de haut vol : c'était l'économie mondiale. L'ancienne "théorie des dominos" avait été supplantée par celle de "la contagion", qui a trait à la propagation des troubles fiscaux et monétaires d'un pays à l'autre.

Alors qu'à une époque il allait de soi, sauf à se tenir dans la limite des jungles vietnamiennes, que le virus du communisme infecterait aussi les plages de Californie du sud, désormais il tombait sous le sens qu'une faillite massive affectant n'importe lequel des marchés mondiaux — régionaux, émergents, périphériques — contaminerait selon toute probabilité les cours de Wall Street. On devait prendre des mesures de précaution, contraindre les "copains capitalistes" à rendre des comptes, faire avaler la pilule de l'austérité à tous les irresponsables qui spéculaient sur les monnaies. L'orateur qui s'adressa à nous après le dîner, un professeur d'économie au MIT du nom de Rudi Dornbusch, nous livra l'attitude que nous devions privilégier face à l'effondrement financier de l'archipel indonésien : “Il est important que certaines personnes perdent beaucoup d'argent, dit-il. Il est important qu'elles soient punies pour leur bêtise et leur avidité.”

Dans “certaines personnes”, il incluait non seulement les amis et la famille du président Suharto mais aussi les banques japonaises et européennes qui avaient joué des mises fantaisistes à la roulette du sud-est asiatique, dans leur seul intérêt, égoïstement et sans voir plus loin que le bout de leur nez. Les journalistes américains acquiescèrent aux remarques du professeur avec force hochements de tête, bien aises qu'on leur fournisse l'occasion de recouvrer un peu de l'amour-propre qu'ils avaient concédé à leurs homologues étrangers quand ils discutaient de l'intransigeance de Saddam et du béret de Monica. Comme les investisseurs américains n'avaient pris qu'une petite part de risque en Asie — une crise qui allait, pensait-on, finir par coûter au bas mot 20 milliards de dollars aux banques européennes — ces beaux messieurs de New York et de Washington se consolaient, jusqu'à nouvel ordre, en affichant un mince sourire empreint de supériorité.

Il leur plaisait aussi que le Japon ait essuyé une humiliation. Cinq ou six ans auparavant, l'économie japonaise était, pour le monde entier, un objet d'émerveillement dont on cherchait à percer les secrets. Les banques japonaises rachetaient la Californie, les hommes d'affaires japonais faisaient la tournée des salles de conférence de Washington, sermonnant gentiment ces Américains dépensiers qui avaient perdu leur talent de constructeurs d'automobiles. Maintenant, le marché de l'immobilier à Tokyo traversait une mauvaise passe et l'avantage avait changé de camp. On pouvait parler, et de la souveraineté passée du shogunat et d'une nation réputée pour son taux de suicide chez les hauts fonctionnaires du ministère des Finances.

Au cours de ce dîner, les journalistes firent part des bruits de couloir du Forum, des réunions auxquelles il fallait à leur avis assister, de la manière de se faire inviter à la réception donnée par Coca-Cola, des endroits où trouver les Boliviens et du bon moment pour manger une raclette. A la fin de la soirée, l'assemblée commanda une dernière bouteille de vin blanc, Dornbusch se mit à déplorer ce qu'il appelait le “S.O.S.-Caution — numéro vert 0800 CAUTION — pour hommes d'affaires imprudents, banquiers voraces et politiciens corrompus”, et on se remit à débattre, avec mélancolie, de la question du gros pénis de Bill Clinton.

Tout en me dirigeant, avec Foges, vers le funiculaire du Berghôtel, j'essayais de déceler la présence de glace “invisible”... Je repensais aussi au narcissisme, considéré comme une véritable maladie à un stade avancé ou en phase critique, dont étaient atteints les personnages du roman de Thomas Mann et j'exprimai à haute voix mon doute sur mes capacités à bien comprendre l'objectif du Forum de l'Economie Mondiale. “Ne vous inquiétez pas, même si vous avez l'impression de ne pas tout saisir, répondit Foges. Personne ici ne s'y retrouve vraiment. Il se passe toujours quelque chose de plus important ailleurs.”

Vingt-quatre heures plus tard, le vendredi soir, je m'étais suffisamment familiarisé avec les procédures propres au Forum pour savoir que je serais toujours au mauvais endroit au mauvais moment. Ainsi, si d'aventure je me trouvais au restaurant Flüela à écouter un fonctionnaire du Fonds Monétaire

International évoquer les perspectives de la Thaïlande, je savais que j'aurais dû être au Waldhaus-Grill à écouter quatre Bulgares parler de camions. Après avoir assisté à un certain nombre de réunions, je commençai toutefois à mieux appréhender ma situation. Je finis par exemple par savoir délimiter la portée pratique du badge blanc : il donnait non seulement accès à toutes les salles de réunion du Forum mais permettait aussi d'approcher tous les autres participants sans avoir à prendre préalablement rendez-vous. Ce privilège, d'une utilité certaine, n'excluait pas toute difficulté. Les caractères imprimés sur le badge étant trop petits pour qu'on puisse les déchiffrer à la distance critique d'un mètre cinquante, et la politesse interdisant de jauger trop ostensiblement la valeur potentielle d'un participant, les rencontres fortuites dans un café ou dans le hall de l'hôtel relevaient d'un jeu de hasard. On était obligé d'engager la conversation sans savoir ce que “pesait” la personne à qui l’on se préparait à faire une remarque astucieuse sur les risques d'enneigement ou d'action terroriste. Et puis on découvrait qu'on s'était adressé au ministre des Finances australien ou au président de la société d'aviation Dassault.

On pouvait aussi tomber sur un autre dirigeant des médias, lui-même en mal d'information.

Les participants disposaient tous de données statistiques impressionnantes : 250 millions d'enfants dans le monde travaillent pour quelques centimes l'heure ; 50% de la population mondiale n'a pas l'électricité ; 70% n'a pas le téléphone ; les banques japonaises sont grevées de créances insolvables à hauteur de 550 milliards de dollars. Ils devaient également savoir que, dans toute conversation, le mot le plus empreint de gravité tout de suite après “contagion” était “transparence”. Le terme implique d'étaler au grand jour moins ce qui vous concerne que ce qui concerne les autres — la politique suivie par un autre pays, la stratégie commerciale d'une autre entreprise, les ressources financières de quelqu'un d'autre... Si la “contagion” était toujours mauvaise, la “transparence” était toujours bonne, à l'instar du “dialogue” et de la “réduction du coût du travail”. L'incapacité générale à créer assez de “transparence” était la cause des problèmes en Asie, de la Corée à l'Indonésie en passant par la Thaïlande.

Bien que chacun des 2.000 participants au Forum fût par lui-même important, il n'était pas difficile de se rendre compte que certains étaient plus importants que d'autres. Les entretiens de nature à déboucher sur des résultats concrets — la construction d'un barrage au Chili, par exemple, ou la rédaction d'un accord multilatéral sur les investissements — se tenaient en privé. Ni les noms de ceux qui y participaient ni l'heure ni le lieu de rencontre ne figuraient sur le programme. Les discussions qui se tenaient le matin et l'après-midi dans le Centre des Congrès remplissaient la même fonction qu'un parcours de golf ou un match de tennis : c'étaient autant d'occasions de prendre des contacts, de s'ouvrir des portes, de se faire éventuellement inviter à dîner à la table du président du Mexique.

Un seul clivage demeura aussi stable que le temps — ciel bleu limpide, température de 0°C, pas de vent, très peu de glace : celui qui distinguait les acheteurs, c'est-à-dire les banquiers et industriels des pays riches qui se souciaient de la "transparence", des vendeurs, c'est-à-dire les politiciens et ministres des pays pauvres, qui se souciaient de leurs notes d'hôtel.

Les acheteurs se complaisaient dans des abstractions brillantes et dans l'illusion de leur toute-puissance. Habitués, comme les personnages de "La montagne magique", à la déférence des sommeliers et, bien qu'aucunement capables de rivaliser avec Thomas Mann, un familier de la musique de Wagner et des écrits de Nietzsche, ils se sentaient les héritiers du rêve de l'übermensch et avaient apporté avec eux, dans leurs bagages faits main, ce que le correspondant du *Financial Times* de Londres estimait à “70% de la production mondiale journalière d'auto-satisfaction”.

Les vendeurs, quant à eux, s'affairaient à placer leurs offres d'investissements et tous les chiffres qu'ils avançaient flattaient autant l'œil que les bibelots d'un salon : inflation basse, croissance élevée, travailleurs motivés, jolies filles, institutions démocratiques poussant comme des champignons, politiques fiscales fiables, vastes horizons, organes de presse accommodants, policiers courageux. Leur volonté de plaire répondait à la logique de l'impérialisme post-moderne : les petites nations du globe ne sont plus colonisées par des gouvernements, mais par des sociétés ; le droit des peuples dépend du droit et du pouvoir de l'argent ; les parlements de par le monde se laissent intimider par le capital de la même façon qu'aux XVIIIe et XIXe siècles ils se laissaient intimider par les armes.

Autrefois, il y a seulement quarante ans, la classe des affaires avait tendance à considérer les hommes politiques comme les représentants d'un pouvoir supérieur. Les marchands se donnaient la peine d'apprendre les langues parlées tant à l'est qu'à l'ouest de Suez, d'envoyer des représentants capables de susciter la sympathie, d'offrir aussi parfois des présents, de solliciter une audience auprès d'une impératrice ou d'un roi. Cela ne se faisait plus. Cela ne pouvait plus se faire : le marché mondialisé soutenu à la fois par les arches d'or de MacDonald et l'information sur CNN consacrait le règne de l'anglais. De nos jours, les rois et les impératrices baisaient l'anneau du commerce.

Dans une des petites salles de réunion, un homme d'affaires belge fit une démonstration particulièrement inopérante d'impérialisme révisionniste devant un auditoire avisé de présidents de compagnies pétrolières américaines et de fournisseurs français d'équipements urbains. Vêtu d'un costume à la coupe irréprochable, il était assis sur une petite estrade en compagnie de trois bureaucrates russes, des personnages sortis, aurait-on dit, d'un roman de Tchekov, qui venaient de quitter subrepticement l'assemblée de leur ville de province. Après les avoir présentés tour à tour, il adressa à ses auditeurs un sourire benoît, comme s'il venait de leur faire don d'une fourrure rare et précieuse : “Voici donc trois authentiques hommes politiques, dynamiques, à qui tout réussit. Ils souhaitent faire d'importantes déclarations.”

Du côté jardin au côté cour, les Russes dévidèrent leurs déclarations, comme des accordéonistes exécutant une série de variations sur le thème des *Nuits de Moscou*.. Si la traduction ne fut pas toujours très claire, les principales idées l'étaient : oui, c'est vrai, la Russie est un terrain encore difficile pour les affaires — “il est encore chaotique”—, mais les entreprises russes ont commencé à payer des salaires — “nous avons un véritable gouvernement, un véritable président et un parlement à deux chambres” — et elles ne pratiquent pas le dumping sur les marchés internationaux — “nous ne ferions pas cela à nos bons amis, les Européens”. La criminalité diminue — “chez nous, en Russie, on a appris à faire participer les criminels au processus d'investissement”. Les investisseurs étrangers n'ont pas à payer de taxes avant d'avoir retiré des bénéfices de leurs placements —

“rappelez-vous l'Amérique au XIXème siècle, un pays fantastique pour investir, pas de lois anti-trust”. Dans le bassin de la Caspienne, on ne touche pas encore le fond de ce qui semble être un océan de pétrole, malgré les forages qui descendent jusqu'à 6.000 mètres.

Leur laïus terminé, les Russes firent brusquement silence, visage de marbre, mains nouées patiemment posées sur les genoux, yeux bleus innocemment fixés sur l'innocente ligne bleue de l'horizon de la steppe sibérienne. Le sponsor belge bondit et s'empara du micro le plus proche : “Ce que nous venons d'entendre, messieurs, est extrêmement encourageant. De la stabilité à Moscou, de la flexibilité dans les régions, une confiance accrue pour 98. Un chemin difficile, *meine Herren*, qui va déboucher sur de grandes richesses.”

Les acheteurs n'en étaient pas convaincus. Ils inclinaient à penser que l'argent étranger avait autant de chance de survivre à un hiver russe qu'en avaient eu les armées d'Hitler ou de Napoléon. Au cours des quatre dernières années, soixante dix neuf banquiers avaient été tués à Moscou ou à Saint-Petersbourg. De plus, certains des autres Russes présents à Davos — pas les bureaucrates mais ceux débarqués en hélicoptère avec des blondes tapageuses et des mallettes pleines de dollars — ne semblaient pas avoir encore acquis la juste notion des usages capitalistes. Ils préféraient la vodka à l'eau minérale, ils boudaient les séminaires sur la prudence dans la gestion de la croissance à long terme des sociétés, et leurs compagnes ne participaient pas aux promenades, en traîneaux tirés par des chevaux, jusqu'au pittoresque village de Clavadel.

Le front des PDG se plissait de fins sillons dubitatifs alors qu'ils rassemblaient leur notes et se préparaient à attaquer la prochaine série d'exposés. Un président de compagnie pétrolière fit remarquer qu'il était plus facile, en Russie, de traiter avec les criminels qu'avec les hommes politiques — “Eux, au moins, on les achète une fois pour toutes.” Quelqu'un d'autre s'exclama : “Vous vous imaginez ce que ce serait de rencontrer ces trois types sur une route à trente kilomètres à l'ouest de Sverdlovsk ? Ils trouveraient très drôle de vous forcer à leur donner, au choix, ou votre femme ou votre voiture.” Le rédacteur d'une lettre d'information financière expliqua que ce n'était pas une mince affaire d'acheminer le pétrole hors du bassin de la Caspienne. Aucun des oléoducs en place ne couvrait une bien longue distance et les voies d'acheminement envisageables, par le Caucase vers la mer Noire ou la Méditerranée, du Kazakhstan à la Chine, par l'Iran jusqu'à l'île Kharg, via le Pakistan et l'Afghanistan vers l'Inde et la mer d'Oman, à travers la Russie jusqu'à l'Ukraine, étaient toutes, selon ses propres termes, “problématiques”. “Ce sont vraiment des bandits, conclut-il. Des gens qui purgeraient un pipe-line de son pétrole comme ils tireraient le lait d'une chèvre.”

Pendant le dîner, à l’hôtel Rinaldi, on continua de parler de bandits. Bill Richardson, l'ambassadeur américain auprès des Nations Unies, aborda devant les dirigeants des médias le cas Saddam Hussein. S'adressant à un auditoire plus nombreux que celui qui avait écouté les sentences de Rubi Dornbusch, Richardson s'exprima sur un mode suffisamment évasif pour être flatteur. Il se posa en homme d'Etat en compagnie d'autres hommes d'Etat, tout en manifestant son exaspération avec franchise, celle de l'Américain au parler clair, au contact facile et direct, confronté à la fange morale. Le Conseil de Sécurité se préparait alors à voter la résolution américaine de bombarder Bagdad si l'Irak ne satisfaisait pas aux requêtes d'inspection de son armement par les Nations Unies. Aussi Richardson parcourait-il le monde en vue d'obtenir des voix qui soutiendraient cette forme d'action punitive. Madeleine Albright, la secrétaire d'Etat, était chargée de la France et de la Grande-Bretagne; Richardson, lui, faisait la tournée des membres moins importants du Conseil de Sécurité. Il se trouvait le matin même en Suède, puis, en route pour le Gabon et le Brésil, il s'était arrêté à Davos car il ne voulait pas laisser passer une telle occasion de clarifier la position américaine — "officieusement, bien entendu..." — devant un aréopage aussi distingué de journalistes qui comptaient le plus dans le monde.

Richardson fit d'abord ressortir, usant de la rhétorique, que les Etats-Unis, victimes des circonstances, n'étaient, en aucun cas, un pays à l'affût de villes à bombarder. Que pouvait-on faire d'autre ? Selon quels critères pouvait-on fixer les limites à ne pas dépasser, que ce soit sur une carte ou sur le terrain ? Hussein ne voulait pas entendre raison, ne respectait pas sa parole, n'était pas près d'arrêter la fabrication d'armes spéciales. "Mais bon Dieu ! Ce foutu bonhomme les cherche ces bombardements," s'exclama-t-il.

Cette forte déclaration n'incita personne dans la salle à appuyer la proposition. La question posée par un correspondant britannique rendit manifeste le scepticisme ambiant : “Dans ce cas, pourquoi lui faire cette faveur ?”

“Il n'est pas question de faveur, répondit Richarson. Nous essayons de préserver la crédibilité de l'Amérique et d'empêcher que de tels affronts soient infligés aux Nations Unies.” Comment, demanda un autre correspondant, présentait-il sa thèse aux gouvernements dont il sollicitait l'adhésion — gouvernements qui pouvaient s'inquiéter des répercussions possibles d'une telle position tant sur l'opinion arabe que sur l’attitude de Saddam Hussein ? Celui-ci n’allait-il pas répliquer en se servant d'une arme biologique contre Tel Aviv ?

“Cela demande un peu de doigté et ce n'est pas gagné d'avance. D'abord, je sors notre argument diplomatique de choc. Je dis que Hussein est un nouvel Hitler, que les solutions diplomatiques ont toutes été tentées, que nous n'avons pas l'intention de rayer l'Irak de la carte mais seulement de l'amener à courber l'échine. Puis j'y vais de mon argument massue : écoutez, je leur dis, si vous ne nous soutenez pas, laissez-nous le champ libre parce que, quoi que vous décidiez, nous enverrons nos bombardiers."

Et, toujours dans le style de l'homme exaspéré, de l'homme qui "ne supporte plus d'employer des termes" comme "conséquences graves" dont il constate qu'ils ne valent pas plus que la fumée d'un cigare bon marché, Richardson accepta de continuer de répondre aux questions qu'on voudrait bien lui poser. Tous les journalistes présents reçurent la précaution oratoire de l'ambassadeur, quant au caractère "officieux" de ses commentaires, comme une invitation à les communiquer haut et fort à Saddam Hussein. Et la conférence de presse impromptue prit un tour surréaliste :

Q. : Des bombardements de quelle intensité ?

R. : Nos bombardements peuvent être de trois types : frappes chirurgicales, frappes ponctuelles ou frappes massives. Les frappes chirurgicales ne seront pas suffisantes. Nous envisageons des frappes ponctuelles.

Q. : Et, en ce qui concerne la réaction des autres Etats arabes...?

R. : Cela nous portera un rude coup dans le monde arabe. Mais on pourra s'en accommoder.

Q. : Et si l'Irak lance des gaz innervants sur Israël ?

R. : Nous avons aussi pensé à cela. Il pourrait y avoir des éclaboussures.

Q. : Et si la Chine met son veto à la résolution devant le Conseil de Sécurité ?

R. : On n'en tiendra pas compte et on bombardera. La Chine voudrait bien être une grande puissance, mais elle ne sait pas s'y prendre.

Plusieurs journalistes demandèrent ce que les Etats-Unis comptaient faire après la phase de bombardement. Qu'avaient-ils prévu ? Quelle était la finalité du jeu ? Et comment l'Amérique saurait-elle qu'elle avait atteint ses objectifs ? Richardson lui-même ne le savait pas très bien. A coup sûr, il y aurait des dégâts importants qui apparaîtraient sur les photos par satellite. Peut-être y aurait-il aussi une espèce de soulèvement populaire des Irakiens. Une révolution à propos de laquelle, lui, l'ambassadeur, n'avait d'autre liberté que celle de nous dire que les Etats-Unis disposaient "d'excellentes informations" émanant de sources irakiennes sur place. Des informations qui avaient coûté 35 milliards de dollars et qui "à ce tarif, avaient intérêt à être fiables". Moins d'une heure plus tard, on ne cessait de reformuler et de répéter les mêmes questions. Richardson, toujours plein de sa mission, toujours écumant d'un juste courroux, se dépêcha d'aller dans d'autres salles porter à d'autres organes de transmission sa parole chargée de menaces.

A Davos, le problème préoccupant de la sécurité — sécurité des investissements privés, sécurité des gros marchés régionaux et des réseaux informatiques de communication, sécurité des administrations publiques, sécurité des citoyens, sécurité de la civilisation occidentale — revenait dans toutes les conversations et amenait les mêmes questions dans des contextes différents, des langues différentes et des salles de conférence différentes. Comme les participants disposaient d'immenses fortunes et jouissaient de situations assises, on n'était pas surpris que le plus fort de leur inquiétude portât sur l'avenir. Pour le moment, la bienveillante main invisible de Dame Fortune veillait à la distribution de coquettes plus-values, en coupures de 10 et 20 millions de dollars pour une bonne part. Mais jusqu'à quand la chance sourirait-elle ? Et sur quel point de l'horizon les hérauts de la crise allaient-ils se profiler ? En quelle langue s'exprimeraient-ils ? Quelles têtes tomberaient et quelles dépouilles sanguinolentes brandirait-on ?

Personne cependant ne remettait en question les principes sacrés du *laisser-faire* capitaliste ni ne mettait en cause la divinisation des profits nets. Tous savaient bien que la libre entreprise était un autre nom de Dieu. Il n'en restait pas moins, à bien réfléchir, que le marché, tout comme Dieu, n'exauçait pas toutes les prières. Aussi les plus anxieux des participants commençaient-ils à se demander s'ils étaient toujours — comme les chargés de relations publiques les en assuraient — maîtres de leur destinée.

Le brusque effondrement financier de l'Asie en 1997 avait été une bien mauvaise surprise qui donnait à penser que le monde était peut-être plus incertain qu'il n'y paraissait de la terrasse du Berghôtel Schatzalp, d'où l'on admirait à la fois le gâteau aux prunes et le Rinerhorn. D'ailleurs, pour se convaincre de cette incertitude, il suffisait de lire les journaux ou d'écouter, au Centre des Congrès, un de ces intellectuels, spécialistes des sciences politiques, parler du Rwanda, des Balkans, des Russes qui distribuaient leurs armes nucléaires comme des lots de tombola, ou encore de cet homme d'affaires italien enlevé huit mois auparavant, à Brescia. Le *Herald Tribune* avait relaté son horrible sort. A sa famille, qui tardait à payer la rançon, les kidnappeurs avaient envoyé ses deux lobes d'oreilles pour la rappeler au devoir... Le lobe gauche, le mois dernier, le lobe droit ces jours-ci.

Décidément, il n'était pas toujours facile de justifier les voies du marché aux yeux des hommes ! Mais quelle autre solution ? Personne n'en avait la moindre idée... Le marché n'en était pas moins bigrement imprévisible et il pouvait même parfois se montrer mauvais. Ce qui expliquait tout ce remue-ménage sur les hauteurs de Davos : il fallait trouver un moyen d'obliger le marché à se civiliser, peut-être aussi à tempérer sa cruauté — dont la responsabilité ne pouvait lui être imputée puisqu'elle était un trait de sa nature — en l'adoucissant par un soupçon de conscience. Vaste projet et tâche complexe qu'on ne pouvait prendre à la légère. Et qui, justement, pourrait relever ce défi, sinon les hommes qui se trouvaient à Davos ? Qui d'autre saurait semer dans la jungle du libre échange les graines du scrupule moral ?

La réunion numéro cinquante trois, salle Salève, était intitulée “La corruption internationale : comment les compagnies peuvent-elles gagner tout en respectant les règles ?” Les participants se mirent à évoquer les leçons tirées d'amères expériences. Installés sur des chaises rondes, en cuir de couleur crème, ils commencèrent par se raconter des contes moraux. Quelqu’un évoqua la rapacité légendaire des ministres nigérians chargés du pétrole et des finances ; un autre les moyens différents de blanchir l'argent au nord et au sud ; un troisième, l'avantage que conférait aux entrepreneurs allemands la possibilité de déduire de leurs impôts les 2 milliards de dollars qu'ils versaient chaque année en pots-de-vin. Les divers récits débouchèrent sur des observations d'ordre général. La corruption était plus répandue dans les pays où l'emprise gouvernementale était la plus rigoureuse, car il était évident qu'aucun de tous ces fonctionnaires qui étaient mal payés et qui vivaient dans les endroits les plus poussiéreux de la planète ne pouvait refuser une gratification de 50.000 dollars offerte par un charmant délégué de l'*O.C.E.* portant chaussures italiennes et costume anglais. Le pauvre homme n'aurait-il pas l'impression de se trouver devant Dieu réincarné ?

Quoi qu'il en soit, la corruption systématisée était préférable, au moins à court terme, à la corruption occasionnelle car “elle devenait alors un coût rationnel”. A long terme, la corruption sous n'importe quelle forme était ennemie de la liberté et mauvaise pour la croissance économique. Des ponts s'effondraient, des barrages cédaient parce que l'argent destiné aux poutres métalliques servait à financer le harem du premier ministre ou le zoo du général, et des gens mouraient en grand nombre. Ce qui n'améliorait pas le sentiment des populations à l'égard des sociétés internationales. L'habitude de verser des pots de vin était aussi un facteur de corruption de ceux qui distribuaient l'argent corrupteur. Les beaux messieurs de Londres ou de Düsseldorf qui usaient ouvertement et habilement de malhonnêteté dans leurs tractations avec autrui, devenaient tôt ou tard malhonnêtes avec eux-mêmes. Très vite les rapports annuels de ces hommes-là donnaient l'impression d'avoir été rédigés sous un ventilateur de plafond à Tombouctou.

Pas facile non plus de savoir comment être à la fois bon chrétien et capitaliste heureux. Comment être capable d'égoïsme impitoyable et de cette abnégation qui vous fait tendre l'autre joue ? Comment concilier ce constat “qu’en général ce qui est moral ne paie pas” avec la croyance que “ce qui paie est, par définition, moral” ? Le délégué du Kenya illustra ce dilemme : la Banque Mondiale, fit-il remarquer, exige de ceux qui désirent contracter un emprunt auprès d'elle qu'ils s’engagent, par un protocole, à ne pas se livrer à des tractations malhonnêtes. Une idée séduisante et exaltante, à laquelle on avait envie d'adhérer. Mais, la pratique africaine du commerce s'exerçant normalement sur un mode un peu moins que parfait, comment pourrait-on alors acheter des tracteurs, des médicaments ou du blé ? Les bailleurs de fonds obligent également leurs clients à protéger l'argent emprunté par le biais de taux d'intérêt très élevés, ce qui préserve la régularité de leur bilan mais anéantit tout espoir de croissance économique. Par ailleurs, si le pays contractant accorde à ses citoyens le privilège d'un crédit bon marché, les banques étrangères retirent leurs prêts.

Pendant le déjeuner à l'hôtel Seehof, on continua d'échanger des considérations sur la barbarie du marché à propos de l'espionnage des sociétés, thème qu'on traita par un jeu de questions-réponses. Les participants se heurtèrent une fois de plus au problème de “la transparence” et de la nécessaire franchise qui devrait régner entre tous, non seulement au sujet de leur compte en banque mais aussi de leurs amis et associés du commerce de la drogue.

Certains pays civilisés pouvaient s'en remettre à des sociétés de surveillance. Un homme d'affaires avisé n'en devait pas moins être prudent et prendre des précautions, la compétitivité des marchés mondiaux ne cessant d'augmenter. Toutes les techniques auxquelles avaient eu recours les services de renseignement gouvernementaux au cours de l'interminable et sombre nuit de la Guerre froide — la surveillance électronique, le chantage, la désinformation, les écoutes téléphoniques, les accidents de la circulation opportuns — étaient passées aux mains d’entreprises privées peu scrupuleuses et impatientes de voler la clientèle et les projets de leurs concurrents. Toute compagnie de taille raisonnable devait être consciente de sa vulnérabilité.

N'était-elle pas toujours pour quelqu'un "un gibier de choix" ? Son système informatique n'était-il pas violé ? Les informations confidentielles dont elle avait la propriété n'avaient-elles pas été revendues par certains de ses cadres victimes des réductions d'effectif, à des prix s'élevant à six et sept millions de dollars ? L'enlèvement des dirigeants de sociétés était aussi un secteur en pleine expansion, non seulement en Italie et au Mexique mais en Belgique et aux Etats-Unis. Le royaume du crime organisé commençait à ressembler au Saint Empire romain germanique. Un Saint Empire qui brassait des masses d'argent plus élevées que le P.I.B. de la plupart des pays du globe.

Si les préoccupations concernant la sécurité étaient, à Davos, tout à fait prioritaires, les discussions à propos de l'euro arrivaient en deuxième position : pas une conversation qui ne soulevât la question de savoir comment et pourquoi l'euro allait transformer la société européenne, qui n'amenât des conjectures à propos des incidences de l'euro sur le dollar américain, qui ne donnât l'occasion de théoriser sur les origines politiques de l'euro et sur sa signification historique.

Ceux qui défendaient la nouvelle monnaie la présentaient comme un *deus ex machina* qui rendrait à coup sûr plus compétitive l'ensemble de l'économie européenne au sein des marchés mondiaux et ils prévoyaient qu'elle provoquerait un surplus d'énergie considérable : plus d'emplois, de plus gros profits, de plus grandes espérances, un Etat social non plus en proie à l'amollissement mais revigoré et actif. Selon les termes du traité de Maastricht, les signataires s'engageaient à réduire les dépenses gouvernementales au profit de la vie quotidienne — gratuité de l'enseignement et des soins de santé, allocations chômage généreuses, fêtes de la musique à n'en plus finir etc... L'application de ces décisions était lente parce que les sociétés européennes ne pouvaient plus se permettre d'en supporter le coût. Du moins, tant que les détenteurs de fortune individuelle voudraient marcher de pair avec les Asiatiques et les Américains.

Les changements, bien évidemment, ne s'effectueraient pas du jour au lendemain et, dans l'intervalle, pendant le temps que prendrait le transfert des bienveillants services du secteur public vers les non moins bienveillants services du secteur privé, d'aucuns auraient probablement à faire l'expérience du “démembrement” et de la “désorganisation”. Peut-être aussi de quelques moments “d'inconfort” et de quelques accès “d'austérité”. Mais personne ne pourrait empêcher les dérangements que ce transfert causerait. De toute façon, il n'y avait pas de raison de s'en inquiéter : tout cela s'apparenterait davantage à quelques minutes de turbulence au cours d'un vol entre Biarritz et Londres, lors d'une escapade de week-end, qu'au soulèvement des affamés dans la république de Weimar.

Les apôtres du nouvel ordre économique n'étaient pas à court de contes moraux, ils étaient même intarissables sur le sujet. On n'avait aucun mal à trouver, installé dans l'un des coins salons aménagés pour les conférences, un banquier mourant d'envie de discourir sur les taux d'imposition dissuasifs et sur la bureaucratie gouvernementale, mortelle pour la créativité. Les récriminations pleuvaient. L'Allemagne qui dorlotait ses travailleurs en leur accordant six semaines de vacances en plus de vingt-sept jours de congé maladie, les 3.000 jeunes Français qui quittaient Paris tous les mois parce qu'aucun employeur ne pouvait se permettre de les engager — certainement pas à hauteur de 140 dollars de l'heure si comptait les charges sociales obligatoires —, les chômeurs de Lyon qui avaient l'aplomb de réclamer des congés payés calculés sur leur oisiveté payée, les citoyens de Hambourg, autrefois industrieux, devenus aussi paresseux que les Italiens et aussi indolents que les Grecs, qui refusaient d'accepter des tâches subalternes car le chômage leur permettait de vivre dans un luxe plus grand... Certains parlèrent de sangsues ; d'autres de parasites ou du rocher de Sisyphe. Tous tombèrent d'accord sur le fait que ces fardeaux étaient trop lourds à porter et que cet acte veule de charité était synonyme de ruine. Il suffisait de voir ce qui s'était passé en Russie pour comprendre que le socialisme, quelque nom qu'on lui donne, restait une idiotie ou une maladie. Il suffisait de se tourner vers la Chine pour comprendre que les clefs de la libre entreprise capitaliste peuvent ouvrir toutes les portes, y compris celles des plus abominables cachots marxistes. Les promoteurs de l'euro ne se lassaient pas de citer l'exemple de la Chine et de Li Lanquing, le vice-premier ministre de la République populaire, qu'ils affectionnaient particulièrement. Li Lanquing apparut d'ailleurs un matin sur la scène principale du hall des Congrès pour y donner une conférence qui fut considérée comme vivifiante.

Monsieur Li exprima d'abord sa sympathie à ses malheureux amis capitalistes en passe de subir, pendant le temps de la crise asiatique, pertes et privations. Puis il fit observer que la Chine n'était pas étrangère aux "défis" qu'imposaient "la restructuration économique et la réforme des entreprises". En Chine, 87.000 entreprises d'Etat étaient en cours de privatisation, ce qui aurait problablement pour conséquence le licenciement de 112 millions de travailleurs. Une décision ni facile ni agréable, mais il fallait bien s'y résoudre et en passer par là. Comment, en effet, les nations pourraient-elles accéder au jardin de la prospérité si ce n'est en franchissant le fleuve de l'austérité ?

"Sur une des berges du fleuve, poursuivit-il, se trouve l'économie planifiée traditionnelle; sur l'autre, l'économie de marché socialiste. La plupart des entreprises chinoises ont traversé le fleuve et se portent bien maintenant qu'elles se sont adaptées au milieu et aux règles de l'économie de marché... D'autres entreprises tentent encore d'atteindre l'autre berge d'une façon ou d'une autre : certaines en nageant, d'autres en utilisant un bateau ou en construisant des ponts. Je pense que d'ici trois ans, la plupart d'entre elles auront réussi à effectuer la traversée. Dans l'intervalle, certaines auront peut-être péri, noyées au cours de ce qui est quand même une traversée difficile."

L'auditoire reconnaissant gratifia la parabole de M. Li d'applaudissements nourris. Un conte populaire, dont le récit, fait avec une telle simplicité, vous redonnait de l'espoir. Se noyer dans la Weser ou dans la Marne n'avait sans doute pas une valeur aussi instructive qu'être emporté par une crue du Yang-Tseu-Kiang. Mais la leçon qu'on en tirait était la même et il faudrait l'avoir présente à l'esprit lorsque les conducteurs de bus de Mayence ou de Lille commenceraient à récriminer à propos de la perte de leurs jours de congés payés...

Etant donné qu'en termes de représentation le sommet de Davos relevait bien plus d'un quorum d'investisseurs que d'une assemblée de citoyens, étant donné aussi que ce seraient les comptes des grosses sociétés et les banques centrales qui bénéficeraient des avantages entraînés par l'euro, comment s'étonner que les partisans de la monnaie européenne soient beaucoup plus nombreux que ceux qui lui manifestaient suspicion ou réserve ?

Parmi les sceptiques que je rencontrai, soit au Centre des Congrés soit en ville, les Français semblaient être les plus nombreux. Mais aucun d'entre eux ne se montra plus ouvert à la discussion que ce maire de province que je pris d'abord pour un intellectuel parisien quand je le rencontrai au bar de l'hôtel National, tard dans la soirée. C'était un bel homme, dans la cinquantaine, très mode avec son pull à col roulé et son costume de tweed. Il aimait parler et ne s'en cachait pas. Il était d'ailleurs en train d'expliquer le traité de Maastricht à une jolie jeune femme qui lui fit des compliments sur sa montre mais ne comprit pas ses allusions à Robespierre et à Talleyrand. Il lui présentait le traité comme une façon d'atteindre un objectif politique par le biais de l'économie, comme une forme de gouvernement consentie par la voix populaire, comme un nouveau contrat social établi par des comptables, géré et appliqué par une banque de Francfort. Merveilleux en théorie, mais peut-être moins merveilleux en pratique, dit-il. Supposez seulement que ce système monétaire de l'euro ne produise pas les résultats heureux escomptés par Louis Vuitton et le chancelier Kohl ? Supposez que les bonnes nouvelles soient un peu lentes à arriver ? Que se passerait-il alors ? Avec un haussement d'épaules désolé, il dit qu'il voyait, malheureusement trop bien, des barricades dans la rue Saint-Honoré et des paysans déversant leurs choux-fleurs place Vendôme.

La jeune femme associait la rue Saint-Honoré à l'hôtel Bristol et à Dior, les paysans ne l'intéressaient pas vraiment. Elle prit son envol vers l'autre bout du bar en quête de compagnie plus entraînante. Son brusque départ amena un sourire amusé sur les lèvres du répétiteur délaissé. “On ne trouvera jamais de démonstration plus élégante du grand théorème de la mondialisation, me dit-il. Tout comme des canards ou des colibris, ils viennent à Davos d'aussi loin que l'Islande ou les îles Canaries.”

Il m'invita à boire un dernier verre de calvados et se présenta : il était maire d'une ville d’Aquitaine, exportateur de vin et historien manqué, particulièrement intéressé par les guerres napoléoniennes. A la fois comme citoyen et comme homme politique, il était en faveur d'un gouvernement aux mains de fonctionnaires éclairés, d'hommes sortis des grandes écoles dont on pouvait être assuré qu'ils se préoccuperaient autant d'histoire de France que d'arbres et de jardins. D'après lui, l'euro était né de la peur du militarisme allemand. A la fin de la deuxième guerre mondiale, si on arrivait, pensait-on, par des moyens pacifiques, à intégrer l'Allemagne dans le concert de l'Europe, elle n'aurait peut-être pas besoin d'un nouveau Bismarck ou d'un nouvel Hitler pour reprendre confiance. L'idée était intéressante et prometteuse, mais n'était envisageable que si l'Europe était gouvernée par des hommes aussi civilisés que les Français. Cela n'avait malheureusement pas été le cas. L'Union Economique et Monétaire avait donné le pouvoir de décision aux courroies de transmission du “marché libre”, des courroies qui ne savaient ni lire ni écrire et encore moins penser. Il ne pouvait rien sortir de bon d'une manifestation aussi grossière d'idolatrie anglo-saxonne. La privatisation des monopoles d'Etat ne manquerait pas d'enrichir les sociétés d'affaires qui se porteraient acquéreuses, elle pourrait également flatter la vanité des financiers qui visaient à détrôner le dollar américain et elle réduirait à coup sûr le coût du transport des anguilles de Saint Sébastien à Stockholm ou à Salerne.

Mais l'avènement de l'euro ferait-il baisser le prix des denrées de base et le taux de chômage ? Permettrait-il de faire émerger une loi constitutionnelle d'un bilan ou de tracer les contours d'une politique à partir du chocolat belge ? Le maire ne le pensait pas. “C'est un gouvernement crédible qui rend une monnaie crédible, poursuivit-il. Et qui va dire aux Italiens que dorénavant ils doivent chanter et danser comme des Hollandais ? Un pays qui n'est plus maître de sa propre monnaie n'est plus maître de sa destinée. Et quand rien n'ira plus au Portugal ou en Finlande, à votre avis, comment et en quoi les directeurs de la banque de Francfort soutiendront-ils ces deux pays ?”

La réponse était contenue dans la question. Satisfait de ses envolées rhétoriques, le maire se mit à disserter sur l'attitude comparée des Britanniques et des Français à l'égard des huîtres, les uns uniquement préoccupés de statistiques et par conséquent bienveillants, les autres dépendants des fluctuations du marché et de ce fait avides. Il me fallait regagner le Schatzalp Berghôtel par le funiculaire et, pris par le temps, je ne pouvais me permettre d'écouter le reste de l'exposé. Je promis au maire que je ne manquerais pas, le lendemain, de lui rappeler le point précis où il s'était interrompu et, en compagnie de deux messieurs en pardessus noirs qui ne portaient pas de badges et n'étaient pas d'humeur à parler anglais, je fus hissé à travers les pins jusqu'à l'ancien sanatorium où Ludovico Settembrini avait enseigné au jeune Hans Castorp l'art d'apprécier les vertus de la bourgeoisie philistine et la beauté de sa musique pour piano.

Tôt le lendemain matin, je me trouvais pour le petit déjeuner sur la terrasse de l'hôtel. Un nouveau jour pointait, éclairé par le rayonnement d'un astre enclin à dispenser ses bienfaits jusque dans la ville de poupée qu'est Davos. Je me mis à faire la liste des questions que je comptais poser au Dr. Klaus Schwab, à la fois fondateur, conseiller d'orientation et directeur spirituel du Forum Economique Mondial. Nous étions convenus de nous rencontrer à dix heures pour une interview. Selon Foges et un correspondant d'un journal londonien qui m'avaient informé, le Professeur Schwab avait tendance à classer les différentes formes de pathologie économique en utilisant le vocabulaire médical : pour lui, par exemple, les marchés les plus importants étaient “fiévreux” ou “poitrinaires”, le PIB était “paralytique”, la balance commerciale “était purulente”. Je ne m'attendais pas, pour autant, à lui trouver une grande ressemblance avec Hofrat Behrens — pas de blouse blanche, pas de stéthoscope, un universitaire suisse à la place d'un clinicien allemand. On disait également du professeur qu'il était ennemi de l'improvisation. Aussi, ayant fait provision de café et de viennoiserie, je m'attelai à la tâche fastidieuse qui consistait à relire toutes les notes éparses que j'avais accumulées : des remarques officieuses gribouillées dans les marges de documents officiels au sujet des "jugements moraux interculturels" ou des "prévisions pour le Kazakhstan" ; des listes de statistiques dont je pourrais peut-être avoir l'utilité — l'économie du Japon est huit fois plus importante que celle de la Chine, 85% des capitaux mondiaux sont détenus par des investisseurs privés, la compagnie Air Corée mise en vente à un prix inférieur à celui d'un Boeing 747, des bribes de conversations surprises dans les couloirs du Centre des Congrès : "Je suis pacifiste, mais si nous devons faire la guerre, autant la gagner" ; des tournures descriptives, des remarques ne pouvant être utilisées officiellement ou citées ouvertement.

Nombre de ces annotations n'avaient plus de raison d'être, un événement survenu le vendredi ayant démenti l'impression consignée le jeudi, mais, à ma grande surprise, bon nombre d'entre elles évoquaient encore une scène ou le ton d'une voix.

Elie Wiesel, tout à fait dans le personnage du moraliste-en-résidence, faisant l'analyse du sommet de Davos à l'intention d'une jeune femme de la télévision mexicaine : "Dans nul autre congrès à travers le monde vous ne trouverez autant de capitaines d'industrie tenant des propos ayant trait à l'âme". Au café Photo, l'archevêque Desmond Tutu, encadré par d'ardents admirateurs, demandant avec force qu'on lui explique comment les banques centrales européennes comptaient soutenir le prix de l'or d'Afrique du Sud. Shoichiro Toyoda, le président de Toyota, défendant l'honneur du monde des affaires japonais par un assemblage de clichés aussi impeccablement élaboré qu'un héron en papier plié dans la tradition origami, et concluant sa prestation avec une concision digne de celle d'un haiku : "La confiance en l'homme transcende l'histoire et la culture" ou, plus désenchanté, " La parole donnée est une chose inestimable, si les deux parties sont de parole". Ingo Walter, le directeur du centre Salomon de l'université de New York, docte hibou en costume fripé, très fier de l'acronyme qu'il avait forgé — RALFs[1] — pour désigner les traits dont

---

[1] Jeu de mots sans équivalent en français qui pourrait se traduire par, "le ciel qui vous tombe brusquement sur la tête".

nous meurtrit l'outrageuse fortune et qui parfois s'imposent à l'attention de l'économie mondialisée.

Ces érudits errants constituaient, d'après Foges, la troupe de faire-valoir du Forum. Il les appelait les “cabaretiers” et me les avait décrits comme une troupe d'historiens chanteurs et d'économistes danseurs, de clowns philosophes soufflant dans les trompettes du jugement dernier, de prévisionnistes barbus capables d'exécuter des tours de magie, non pas avec des lapins et des mouchoirs de soie mais avec des statistiques. Au bout de deux jours à Davos, j'étais capable d'apprécier à sa juste valeur la métaphore de Foges. Pour moi, néanmoins, la comparaison avec une saynète médiévale était plus juste. Le ballet des participants en titre à la conférence était bien réglé, ils exécutaient scrupuleusement leurs entrées et leurs sorties, s'appliquaient à mémoriser la marche à suivre, marmonnaient enfin des idées abstraites et convenues avec le sérieux qu'exigeait le divertissement intellectuel auquel ils participaient. Ils évoquaient à mes yeux une compagnie costumée en manteau d'hermine et toque de velours, donnant sa représentation annuelle du merveilleux mystère de Pâques, *Mammon à l'agonie*, dans les rues de Bayreuth ou d'Oberammergau.

La sincérité qu'ils manifestaient dans leurs dévotions et l'ampleur de leurs bonnes intentions forçaient néanmoins mon admiration et, tout en farfouillant dans mes notes étalées sur la table du petit déjeuner à 1.600 mètres d'altitude, je pensais à ces hommes d'affaires qui ne s'étaient pas donné la peine de se rendre à Davos. Qui n'avaient pas jugé utile de quitter les basses-terres de cette planète, les “plats pays” de Thomas Mann, où les gens se battaient et à coups de bêtise et à coups de couteaux. La veille de mon départ pour Zürich, j'avais dîné, à New York, au restaurant Le Bernardin avec trois directeurs d'une caisse de dépôts prospère pour qui la rencontre de Davos représentait un déplacement vain et un échange, sans aucun intérêt, d'idées creuses et de banalités. De plus, il était possible que, cette semaine-là, justement, à Wall Street, les cours atteignent des sommets et se révèlent sacrément rentables. Et personne ne pouvait se permettre un manque à gagner. A quoi bon affubler les cruautés quotidiennes, propres à la pratique capitaliste standard, des guenilles de la bonne conscience dominicale ? A quoi cela servirait-il ? A qui cela profiterait-il ? De qui se moquait-on ?

Un de ces trois messieurs avait commandé une bouteille de Château Latour à quelque 10.000 francs pour célébrer le triomphe de leur caisse qui avait vendu à découvert du yen Japonais. Après le poisson, ils s'étaient mis à discuter de la possibilité d'une razzia sur le rand sud-africain. Les sommes considérables en jeu dans ces spéculations — leurs propres capitaux et ceux d'investisseurs qui, à Londres, à Hong Kong ou à Buenos Aires, partageaient leur point de vue — provoquaient incontestablement de fortes tensions au sein des économies déjà perturbées du Japon et de l'Afrique du Sud. Jusqu'à entraîner la dévaluation de leurs monnaies et ses conséquences : une baisse draconienne de l'emploi, des taux d'intérêt élevés ou de l'inflation, une répartition massive de misère et de peur. Et alors ? En quoi des cris dans un désert étranger les concernaient-ils? Le but du jeu était de défendre son propre intérêt et il valait mieux gagner à ce jeu-là. Si vous étiez assez bête pour vous rendre à Davos, c'est que vous ne partiez pas gagnant.

Schwab était arrivé diligemment à dix heures précises. C'était un homme dans la soixantaine. Il avait les yeux bleus et commençait à se dégarnir. Il portait un pardessus gris et une écharpe de laine. Il était plus grand que je ne le pensais, mais son allure générale confirmait ce qu'on disait de lui : c'était un professeur qui croyait en sa mission, un idéaliste incurable. Je ne mentionnai pas immédiatement le cynisme de la conversation que j'avais eue autour d'une des tables les plus coûteuses de New York. Je l'interrogeai d'abord sur le Forum de l'Economie Mondiale sous tous ses aspects : quelle était son origine et quel était son objectif, quels étaient les critères requis pour en devenir membre, quel était son impact ?... A la lumière de ses réponses, je compris que Schwab était très certainement capable de deviner lequel des banquiers d'affaires s'était procuré des billets pour la saison de l'équipe des Knicks new-yorkais et lequel avait commandé la bouteille de Château Latour à 10.000 francs.

Le professeur Schwab n'avait pas vraiment besoin des boursicoteurs de Wall Street, le Forum accueillait quelques élus parmi les capitalistes les plus éclairés dans le monde, soit un sur cinq et pas plus. Ces rares hommes capables d'élargir leurs centres d'intérêt à autre chose qu'une liste des vins.

Schwab avait organisé la première rencontre de Davos en 1971 à l'intention de quelque 400 hommes d'affaires européens désireux de définir en termes de société le nouveau concept américain de "entrepreneurship"[2]. Il était alors professeur d'économie au département d'administration internationale de l'école de commerce de Genève. Il avait rassemblé un panel d'intervenants, réputés pour leur connaissance des moyens de libérer les entreprises commerciales de la férule des réglementations gouvernementales. Le colloque avait remporté un tel succès qu'il l'avait reconduit en 1972. Dès 1973, cette rencontre s'intitula le Forum de l'Economie Mondiale, devint un événement annuel, élargit peu à peu le champ de sa thématique et commença à attirer, des trois continents, des hommes politiques et des hommes d'affaires en vue. "Du jour au lendemain, Davos devint un lieu où ils pouvaient tous se parler, me dit Schwab, réunis au même moment, au même endroit, sans avoir à se déplacer d'un pays à un autre, sans avoir à franchir les obstacles des ambassades et de l'obtention de rendez-vous. Si vous arrivez à les faire asseoir à la même table, il peut en sortir quelque chose de bon."

Le Forum est plutôt conçu comme un club que comme un organisme de réflexion et de prévision.

---

[2] NdT : littéralement, l'état ou qualité d'entrepreneur.

Ne peuvent en devenir membres que des sociétés s'appuyant sur une trésorerie annuelle d'un milliard de dollars au moins et qui ont l'honneur d'être présidées par des hommes dont l'intérêt pour les affaires du monde n'est manifestement pas une assade. La cotisation annuelle s'élève à 20.000 dollars et les sociétés membres — au nombre de 1.100 d'après les registres des hôtels de luxe de Davos — ne peuvent envoyer plus d'une personne aux entretiens de janvier sur la montagne magique.

De temps à autre, on revoit les listes d'invitation et on en écarte les membres qui, quoiqu'encore riches, ne sont plus au premier plan en matière de nouvelles technologies ou d'idées novatrices. Schwab reconnut que ce n'était pas facile de mettre les vieilles locomotives au rebut. Mais comment faire autrement si on voulait rester dans la mouvance et dans l'air du temps ? Quinze ans auparavant, les sociétés membres étaient pour la plupart européennes, essentiellement des banques et de grosses industries. Aujourd'hui la représentation était plus équilibrée avec l'adhésion de sociétés asiatiques et américaines qui, pour beaucoup, touchaient à des secteurs d'avenir comme la communication, les médias, le tourisme, les techniques génétiques, les services et la distribution.

En plus du colloque de Davos, le Forum finance des rencontres régionales, à Singapour, au Cap ou à Washington. Schwab avait d'ailleurs remarqué que, sous quelque latitude que ces rencontres aient eu lieu au cours des dix dernières années, leur teneur avait connu une dérive : d'interrogations pointues sur les moyens — Comment ? A quel prix ? — on était passé à des questionnements vagues sur les finalités — Pourquoi ? Dans quel but ? Il attribuait cette évolution à une récente prise de conscience chez les propriétaires de la planète : les plus attentifs avaient réalisé que l'économie mondialisée était une affaire autrement plus compliquée qu'on ne l'avait pensé. La gauche socialiste n'ayant pas exposé ses options de façon cohérente, ils s'étaient aussi rendu compte que les entrepreneurs citoyens parmi les mieux intentionnés du monde se retrouvaient, avec un sentiment d'abandon, errant dans un espace bien aménagé et confortable, certes, mais qui n'en était pas moins vide.

Ce fut la réflexion de Schwab sur le vide, tant intellectuel que moral, qui m'amena à évoquer les trois banquiers du restaurant Le Bernardin et leur ironie sur les gens "assez bêtes" pour venir à Davos. "Assez bêtes ? me dit Schwab, ou peut-être, assez avisés pour savoir qu'il y a différentes sortes d'imbéciles et que bon nombre d'entre eux gouvernent et possèdent des armes... Ceux-là constituent un véritable danger pour la paix entre les nations.."

Il fallait que quelqu'un s'attache à résoudre ces problèmes et c'était la raison pour laquelle les maîtres du monde entrepreneurial devaient apprendre à penser comme des hommes d'Etat. C'était aussi pourquoi le Forum de l'Economie Mondiale mettait à son programme des discussions d'ordre politique et philosophique à côté d'exposés sur les obligations et les marchés monétaires. "Cela n'aurait aucun sens de dire à ces personnalités comment s'y prendre pour optimiser leur réussite," me précisa Schwab. "Ils ne seraient pas là s'ils n'avaient pas déjà les réponses. Ils sont très sûrs d'eux."

Le ton désenchanté de sa voix résonna comme en écho à celui de Shoichiro Toyoda. Schwab se tut et se mit à remuer sa cuillère dans sa tasse à café en observant deux oiseaux qui se pourchassaient à travers les branches d'un pin. Pendant ce moment de silence, un film d'Akira Kurosawa me revint brusquement en mémoire, un film que j'avais vu il y avait vingt ans. Une scène s'imposa à moi, aussi nette et précise que les filets de fumée qui montaient de la ville de Davos : celle où un vieux moine zen prend au piège un jeune et dangereux bandit, l'enferme dans une cage en bambou qu'il suspend à un arbre, hissant son trophée avec autant d'allégresse que s'il s'était emparé d'une bête sauvage. Le bandit grogne et montre les dents ; le moine rit et récite des koans zen. Les dix ou quinze minutes suivantes sont un concentré de dix ou quinze ans d'enseignement, le moine jetant des rouleaux bouddhiques à travers les barreaux de la cage comme il l'aurait fait de choux ou de viande fraîche et contraignant ainsi son captif à se nourrir de sagesse. Ce film, véritable fable morale, tourné en trois épisodes de deux heures, relate la mutation du bandit en un chevaleresque guerrier samouraï qui livre son dernier duel avec une épée de bois et en sort victorieux, car la force de son esprit compense la fragilité de son arme. Schwab ne ressemblait pas plus au moine de Kurosawa qu'au chef de clinique de Thomas Mann. Mais je l'imaginais aisément bombardant d'*e-mails* philosophiques les salles de conseils d'administration et rappelant aux directeurs, parfois un peu primaires, qu'ils devaient manger le pain du "mondialisme" et boire le lait du "dialogue".

Notre entretien ne dura pas plus d'un quart d'heure, Schwab ne s'attardant pas à développer son propos plus qu'il ne l'aurait fait devant des étudiants. Nous prîmes le funiculaire vers la fin de la matinée, en même temps que la fournée des participants peu matinaux, rasés de frais et fleurant de coûteuses eaux de toilette, qui comparaient leurs choix respectifs pour les réunions du jour. Pendant le trajet, je me surpris à me demander si la direction du Forum de l'Economie Mondiale avait trouvé un moyen de classer ses élèves en “reçus” et “recalés”.

D'après mes propres constatations quant au mode de sélection des invités à Davos, il me semblait peu probable que Schwab trouvât un nombre excédentaire d'étudiants émérites. Non pas que ces messieurs et ces dames spécialistes de la création capitaliste, des messieurs surtout et peu de dames, ne fussent pas intelligents — bon nombre d'entre eux étaient bien plus intelligents et considérablement mieux informés que leurs homologues de l'Université et du monde littéraire — mais parce que la fibre politique leur faisait défaut. Ils avaient réussi grâce à leur génie de l'organisation et, pour eux, les dilemmes du capitalisme post-moderne relevaient de la gestion plutôt que de la recherche de figures de rhétorique. Les opinions qu'ils professaient étaient largement façonnées par les medias — dont ils étaient par ailleurs propriétaires. Convaincus que les parlements du monde entier travaillaient à conforter les marchés mondiaux, la politique, pensaient-ils, n'était qu'une fonction subsidiaire de l'économie et la démocratie un agréable produit dérivé du capitalisme. Pour eux, les législateurs se succédaient au gré des saisons tout comme des équipes de football ou des mouches.

Il était bien connu que les hommes politiques ne pouvaient être que de deux types, aussi peu fiables l'un que l'autre, soit le type des démagogues frivoles qui remuent les foules, soit celui des "maudits hommes de loi" qui n'arrêtent pas d'ennuyer les gens en réclamant des pots-de-vin. Si les marchés pouvaient avoir des défauts, ceux des gouvernements étaient bien pires. L'idéologie enrayait le mécanisme naturel du marché et un gouvernement ne savait jamais gérer quoi que ce soit — ni les routes ni les laiteries ni les maisons de jeux ni les capitaux. Tout irait bien, et ce serait un plus pour la civilisation, si l'on pouvait élaborer un programme politique estampillé "bio" — sans sel, sans risques, sans agents irritants pour la peau — de la même façon qu'on fabriquait de l'aspirine, des appareils photos ou du shampoing.

Pour les participants du Forum, tout cela semblait évident. Aussi, quand John J. Sweeney, président de l'AFL-CIO, monta sur le podium, le samedi matin, les auditeurs s'attendaient tous à passer dix minutes à écouter des lieux communs, politiquement corrects et concernant les sempiternels "défis" qui résultaient du jeu de "la restructuration économique" et de "la réforme des entreprises". Si un communiste chinois était capable de sortir du cul de basse fosse marxiste, il n'y avait aucune raison qu'un dirigeant de la gauche américaine ne puisse en faire autant.

Sweeney se révéla une des rares personnes du Forum désireuses de faire entendre publiquement la voix des alarmistes. Comme tout le monde à Davos, il saluait les exploits réalisés par la technologie moderne et les miracles accomplis par les entreprises de production, mais il ne voyait pas comment cette nouvelle richesse, représentant des sommes exorbitantes, allait servir à satisfaire tant les besoins du plus grand nombre que les plaisirs d'une minorité. "De quelque côté qu'on se tourne, on fait la même constatation : le Japon en pleine récession, la crise en Asie,... la Russie aux prises avec un capitalisme primitif et mafieux, la stagnation en Europe, l'Afrique incapable d'honorer ses dettes..., l'Amérique latine à la dérive."

Devant quoi, estimait Sweeney, les nations de la planète pouvaient s'attendre à connaître des périodes d'une telle violence "qu'en comparaison le vingtième siècle nous paraîtrait calme", à moins que les profits tirés de l'économie mondialisée ne soient équitablement redistribués et partagés. Sweeney ne se sentait pas réconforté par la montée des cours à la bourse de New York, montée qui serait la preuve de la prospérité américaine. Il était vrai que le succès économique des Etats Unis ne se démentait pas et certaines personnes connaissaient vraiment des réussites éclatantes. Mais un enfant sur quatre naissait pauvre, les écoles, les hôpitaux et les routes étaient totalement à l'abandon et, de surcroît, aucun système économique ne pouvait fonctionner, du moins pendant très longtemps, si les travailleurs n'avaient pas les moyens d'acheter ce qu'ils produisaient. En Amérique même, cette terre d'abondance et de bonheur, le fossé entre les riches et les pauvres ne cessait de se creuser, tandis que les inégalités s'amplifiaient entre ceux qui savaient lire et écrire et les illettrés, entre la liberté accordée aux flux des capitaux et les servitudes imposées aux ouvriers non syndiqués. "Si la classe ouvrière ne peut jouer aucun rôle," ajouta Sweeney, "la démocratie ne peut avoir aucun avenir."

Cette remarque souleva des murmures de désapprobation et un bruissement d'impatience courut dans les feuilles de notes et les mémos. Un banquier hollandais se dressa et fit remarquer à M. Sweeney qu'il n'avait peut-être pas été assez à l'écoute de ce qui se disait dans les salles de conférence. Qu'il n'avait peut-être pas entendu ce qui avait été dit sur la vertu fortifiante et reconstituante de la privatisation, laquelle allait restaurer les économies asiatique et européenne en leur faisant recouvrer leur compétitivité. "C'est de protectionnisme que vous êtes en train de nous parler," dit le banquier, "une espèce de cadeau fait à la gauche américaine."

La réponse de Sweeney passa inaperçue, sombrant comme un tout petit caillou dans un gouffre d'indifférence. L'auditoire ne l'aurait d'ailleurs pas laissé conclure, si George Soros ne lui avait succédé à la tribune, George Soros le financier aussi réputé pour sa philanthropie politique que vénéré pour son immense fortune. Qui aurait manqué d'écouter les propos de George Soros, la voix de la richesse incarnée et par conséquent omnisciente ?

C'était, à Davos, l'homme que tout le monde voulait voir, le sauveur de l'Europe de l'est, le saint patron de Prague, qui, en 1992, avait gagné un milliard de dollars en une semaine en spéculant contre la livre britannique. Un personnage quasi mythique dont on pensait qu'il avait découvert le secret de Rumpelsiltskin pour transformer de la paille en or. Les paroles de Sweeney tombèrent complètement à plat, alors qu'elles étaient de poids, aussi pesantes que les monolithes de l'île de Pâques. Et Soros ne se révéla pas moins désolant que ne l'avait été Sweeney.

Seuls des imbéciles pouvaient croire que les marchés avaient une conscience, dit Soros, seuls les imbéciles et les professeurs titulaires de chaires d'économie. Les marchés étaient aussi muets que des carpes et aussi myopes que des taupes, foncièrement instables parce qu'entièrement dépendants de ce que les gens désiraient et non de ce que les gens avaient en main. Il était par conséquent impossible de les maintenir dans un état d'équilibre. "Imaginez un pendule, dit Soros, un pendule qui s'emballerait, dont on aurait perdu le contrôle et qui, se transformant en projectile destructeur ferait, sur sa folle trajectoire, chuter toutes les économies. Ce serait d'abord le

Mexique, puis l'Indonésie et la Corée du sud et quoi ensuite ? Peut-être le Brésil. Peut-être le Japon."

Aux murmures désapprobateurs succéda tout à coup un souffle de compréhension qui parcourut le hall des Congrès. Les jolies filles chargées de passer les micros se virent soudainement assiégées. Les interventions allaient dans le même sens que celle du banquier hollandais. Que faisait-on des bienfaits de la privatisation ? Et de la sagesse infinie de Dame Fortune ? "Le fondamentalisme ne peut s'appliquer en matière de marché, répondit Soros. Le système se serait effondré sans l'intervention du F.M.I. et de la Banque Mondiale."

Les questions fusèrent jusqu'à la fin du temps alloué à Soros et il y répondit sans se départir d'un air de pessimisme enjoué. S'il était abandonné à ses propres moyens, le marché mondialisé serait voué à l'auto-destruction. Non parce qu'il n'inciterait pas à voter républicain ou parce que les riches le prendraient en mauvaise grâce, pas davantage pour des raisons idéologiques, mais parce que ce marché obéissait à la dynamique du mouvement et non à la loi de la raison et qu'il n'était pas dans sa nature de faire autre chose que de s'auto-détruire. Il ne serait donc pas inutile, admit Soros, que quelqu'un mette sur pied un ensemble d'organismes internationaux destinés à restreindre le marché, quelque chose dans le genre des anciens accords de Bretton Woods ou dans la lignée de la Réserve Fédérale. Quand les catastrophes économiques "font assez de bruit pour arrêter la musique," poursuivit-il, il faut avoir les moyens de "relancer la partition".

Nombreux furent ceux qui se levèrent pour demander qu'on leur précise la nature de ces moyens, qu'on leur dise comment ces organismes internationaux pourraient fonctionner et de qui ils tiendraient leur autorité. Soros répondit, en souriant, qu'il n'avait pas de réponse. La session plénière s'acheva dans un concert de voix anxieuses. Soros prit aimablement congé, laissant les participants approfondir entre eux la question.

Les conférences et les réunions d'information se poursuivirent pendant les trois jours suivants, à l'issue desquelles personne, à ma connaissance, n'avait découvert la formule susceptible de résumer l'énigme de l'économie mondialisée ou de justifier le comportement du marché aux yeux des hommes. En tout cas, aucun des mots énigmatiques qui figuraient sur les panneaux d'affichage électroniques n'y était parvenu. Ce n'était pas que les participants n'eussent essayé de le dénicher, ce mot secret ! Dieu sait qu'ils s'y étaient efforcés — scrutant les documents, suivant attentivement les interprétations simultanées en russe et en japonais, s'appliquant avec constance à consommer de l'alcool de prune — mais en vain. Comment, par quelle vertu de la technologie la plus avancée arriveraient-ils à doter Léviathan d'une conscience chrétienne ou d'un visage humain ? Les variables étaient trop nombreuses et trop difficiles à calculer et, si même on pouvait les traduire en termes de simple arithmétique, les fiches qui sortiraient des ordinateurs du Centre des Congrès ressembleraient probablement à celles que débitent les machines à prédire l'avenir dans les galeries marchandes : vendez l'or, achetez islamique, soyez rentré avant minuit et ne jouez pas au Monopoly avec des banques japonaises.

Plusieurs éminents participants, américains pour la plupart, proposèrent des traitements miracles et des remèdes magiques. Le dimanche matin, dans le Post Stubi à l'hôtel Post, Newt Gingrich, le président de la Chambre des Représentants s'adressa aux patrons des médias. Incarnant le personnage vaudevillesque de celui-qui-en-sait-trop, il exécuta son numéro à la perfection. Il évolua avec aisance dans les hautes sphères sans consistance des lieux communs et c'est avec une grande jovialité qu'il soulagea de ses doutes la troupe des hommes de peu que nous étions. Gingrich déclara tirer orgueil de la position jamais égalée qu'occupait l'Amérique dans le monde. Le fait qu'elle détienne le pouvoir suprême dans les secteurs militaire et économique; qu'elle investisse des sommes considérables dans la recherche scientifique ; qu'elle soit indiscutablement capable de protéger les nations de la planète sous les ailes déployées de ce qu'il appelait la "*pax humana*"- expression qu'il trouvait plus en accord avec les faits géopolitiques que ne l'était la formule antérieure de "*pax americana*", dont la connotation, dépassée et démodée, renvoyait à la brutalité, à la cupidité. A dater de ce jour on devrait encourager les nations de la planète à se définir comme les éléments privilégiés d'un "paradigme polycentrique et multipolaire" et non plus comme les simples habitants de ce taudis insalubre, parfois dangereux, nommé jusqu'alors, de façon bien trop simpliste, le monde.

Gingrich fit une sortie digne d'un histrion. L'auditoire se transporta dans la salle mitoyenne, le Carieget, pour y écouter Bill Gates, l'homme le plus riche de la chrétienté et, à ce titre, considéré comme un oracle habilité à discuter le jugement de Soros en y opposant un deuxième avis, si possible plus optimiste. Les journalistes massés dans la salle faisaient penser à des bergers venus assister au miracle de Bethléem. Il revint à David Gergen, autrefois rédacteur des discours de Richard Nixon et Ronald Reagan, d'adresser un compliment à l'orateur : “Votre nom, monsieur, est indissolublement lié au vingt-et-unième siècle.” Gates resplendissait d'optimisme et d'allégresse, il parlait d'une voix haut perchée et flûtée tout en gratifiant l'assemblée de ce sourire d'enfant qui avait donné cette grâce à ses prestations télévisées en faveur des clubs de golf Callaway.

Mais il lui manquait malgré tout l'aura rassurante de la *gravitas*. Il mentionna les “grandes idées” qui pointaient à l'aube du futur millénaire et il décrivit quelques uns des “chouettes trucs” que les bons génies de Microsoft étaient en train d'assembler dans la banlieue de Seattle. L'impression qu'il donna n'en resta pas moins celle d'un enfant précoce qui avait entre les mains les inquiétants robots de La guerre des étoiles.

Le lendemain, je partis pour Zurich, préférant la voiture au train car le voyage n'était pas si long et les larges virages s'ouvraient sur l'ample panorama des Alpes grisonnes. Toujours affublé de mon sac de toile, encore alourdi par des documents supplémentaires, je cherchai ce dont je pouvais me délester sans problème. Je cherchai également la remarque qui m'aurait échappé et qui serait susceptible de faire l'objet d'une synthèse ou du mot de la fin. Sur le moment, il ne s'en présenta aucune. Aujourd'hui comme hier, j'en étais encore là où Foges m'avait trouvé au bar de l'hôtel Rinaldi : sans aucun doute à côté de la plaque, certain qu'il avait dû se passer quelque chose de plus important, quelque part ailleurs.

Foges ne s'était trompé ni sur le nombre des participants qui erraient çà et là, perdus ou mal orientés, ni sur l'impression générale de malaise à la fois palpable et inconsistant, qui flottait doucement dans l'atmosphère tendue, mais non enfumée, du Centre. Parmi les feuilles étalées sur le siège arrière de la voiture, je découvris un nombre étonnant de remarques secondaires, émises par les leaders des affaires aussi bien que des médias, qui toutes renvoyaient aux rapports entre l'économie mondiale et le Titanic : références à l'orchestre jouant le thème du *Roi Lion* sur le pont du navire, plaisanteries à propos des marchés émergeant comme des icebergs par tribord devant... Des notes me rappelaient le ton nostalgique, voire élégiaque, que j'avais perçu dans les voix de Shoichiro Toyoda et du professeur Schwab. D'autres, à peine lisibles, griffonnées sur une enveloppe, firent resurgir l'image de ce Kenyan qui, très droit et très noir, rappelait aux honorables membres d'une commission installée sur un podium, qu'en Afrique l'évolution de l'économie était loin d'être bonne, et suppliait, évoquant ses amis africains — pas seulement ceux du Kenya, mais aussi du Rwanda, du Nigéria, du Zaïre : "Ne nous oubliez pas... nous sommes là... nous sommes le lion qui dort".

Les membres de l'honorable commission — les banquiers américains et européens qui avaient disséqué les problèmes de la spéculation monétaire — connaissaient à l'évidence peu de chose sur les lions, endormis ou éveillés, et, après s'être regardés les uns les autres avec l'espoir que l'un d'entre eux interviendrait de façon bienveillante, ils passèrent sans un mot à la question suivante, affichant sur leur visage des expressions aussi vides que le désert du Soudan. Je ne savais s'ils étaient gênés ou simplement irrités, mais leur fuite instinctive devant la perpective d'une catastrophe illustrait, plus que tous les documents distribués pendant le Forum, la nature des choix qui s'imposaient à cette glorieuse académie réunie sur les versants majestueux des Alpes. Elle représentait un parlement d'hommes d'affaires, et l'Afrique se situait tellement au delà des affaires !... En dépit de la pompe et des fastes qui entouraient la traduction simultanée et la rétro-projection, les autres propositions de portée internationale — le terrorisme, les dégradations de l'environnement, l'ignorance, la guerre — provoquèrent le même phénomène de fuite.

Pouvait-il en aller autrement ? Tous les participants souhaitaient vivre dans un monde géré par des règles clairement établies : des règles contractuelles, des règles définissant les transferts d'argent et d'information, des règles portant sur la pollution des rivières et des hommes politiques. Leur formulation comptait moins que le désir, commun aux parties intéressées, d'obéir aux mêmes règles. Ce qui était à la fois élégant et admirable. Mais si les gens de Davos ne rédigeaient pas les règles, qui le ferait ? Les gens de Davos l'ignoraient. Ils étaient des hommes d'affaires, nullement des personnes habilitées à édicter des règles — lois, révolutions, ou codes moraux. Celles-ci, arrachées aux entrailles du *statu quo*, nous retombaient toujours sur la tête en une mêlée sanglante et bruyante.

Mais où donc se trouvait le bien-être dans un univers seulement tenu par la loi du profit et des pertes ? Et si la richesse des nations — grande et glorieuse sous de nombreux aspects, aussi stupide qu'un lancer de balle sous d'autres — allait et venait au gré du "marché libre", qu'advenait-il alors de la bonne croyance que les magiciens, de leur montagne magique, contrôlaient le moteur de l'économie mondiale ? Comment les hommes de Davos pouvaient-ils oublier qu'ils dansaient comme des singes en chapeau rouge aux sons joyeux et stupides d'un orgue de barbarie ?

Les questions n'appelaient aucune réponse agréable. En fait, les hommes de Davos attendaient un miracle. Pour l'heure, ils s'accrochaient, griffes et ongles, à leur rêve d'un gouvernement virtuel en s'aidant de généticiens et de prix Nobel de physique. Mais il n'avaient obtenu d'autre résultat que de transformer l'énergie rétive et féroce des marchés mondiaux en un jeu de lumière sur l'écran d'un ordinateur.

La réunion de Davos se termina le 3 février. Les participants désignés pour faire une déclaration ou publier un compte-rendu apportèrent leur soutien aux motions, d'un optimisme prudent, proposées par le chancelier Kohl et le porte-parole Gingrich.

Dans la foulée du consensus dominant, ils eurent à cœur de déclarer que la crise avait été évitée, que l'économie mondiale, dans ses grandes lignes et tout bien considéré, avait rasséréné la Russie et atténué l'orage dû aux dévaluations monétaires en Asie. Chacun attendait avec impatience non seulement la naissance de l'euro mais aussi les perspective de stabilité au Nigéria, de prospérité en Italie, d'équilibre au Brésil. Il subsistait cependant quelques difficultés. Saddam Hussein détenait encore l'armement destiné à une destruction de masse, les Israéliens et les Palestiniens laissaient tourner au soleil le lait du dialogue, et les banques japonaises, refusant obstinément la thérapie de la rigueur proposée par le FMI, continuaient de confondre l'art de la comptabilité avec les gesticulations symboliques du théâtre kabuki.

Mais les cours montaient résolument aux tableaux des bourses américaines, la plupart des nouvelles firmes inscrites sur le réseau informatique mondial brillaient de l'éclat de la transparence et, pour le moment, on pouvait probablement investir sans danger dans les hôtels du sud de l'Espagne.

Pendant le mois de février, le même discours et le même ton transpiraient des analyses détaillées qui nous arrivaient petit à petit de la montagne magique. Les marchés continuaient de se raffermir à Tokyo comme à Hong Kong, et tout semblait bien en place dans "le paradigme polycentrique et multipolaire" jusqu'à fin mars. C'est alors que le journal du soir fut interrompu de Moscou par l'un des RALFs d'Ingo Walter : de façon très soudaine et sans la courtoisie d'une rumeur préalable, Boris Eltsine avait limogé le premier ministre russe Viktor Tchernomyrdine, que j'avais aperçu dans la salle Sanada du Centre des Congrès. Il déclarait à ses amis capitalistes — ses très bons amis capitalistes — que tous les indicateurs du climat économique s'alignaient sur ceux de l'Ouest, poussés par le vent du marché. Les statistiques étaient merveilleuses : l'armée avait touché son salaire, les risques diminuaient, on colmatait les brèches de l'économie, l'inflation n'était plus qu'un lointain souvenir, on encourageait massivement le recours aux capitaux étrangers. Bref, tout le monde entonnait le même hymne.

De toute évidence, ce bon vent avait cessé de souffler. Viktor Tchernomyrdine n'était pas le seul à avoir été limogé. Il en était de même pour tous les membres de son cabinet. La nouvelle équipe ministérielle n'était pas précisément du genre à inspirer confiance au concierge du Berghotel Schatzalp...

Pendant ce temps, la population indonésienne s'était mise en ébullition. Les journaux faisaient état d'émeutes dans les villes de Kroton et de Surabaya, de déploiements de troupes dans la banlieue de Djakarta, d'étudiants brûlant des drapeaux. Pour soutenir la roupie, le général Suharto avait besoin des dix milliards de dollars que se proposait de lui prêter le FMI, mais les conditions de l'emprunt ne recevaient pas l'approbation d'un peuple à qui on demandait de payer le prix fort pour l'essence et la nourriture, alors en vente non réglementée. Incapables d'assumer ce que les banques appelaient un vrai geste d'austérité, tous les Indonésiens, ou à peu près, en étaient réduits à manger des insectes.

Les émeutes redoublèrent d'intensité au cours du mois d'avril : mise à feu de la ville basse de

Djakarta, évacuation des représentants du FMI en charters, pillage de Wallmart, Dunkin'Donuts et Pizza Hut dans les galeries marchandes. Les riches commerçants chinois avaient si peur qu'ils en étaient venus à louer une division de chars. Le 21 mai, après une nouvelle baisse de 20 % de la roupie, Suharto se décida enfin à démissionner.

Le mois de mai fut celui de l'explosion des RALFs sur les sites Internet, tant dans l'Hémisphère Nord que dans l'Hémisphère Sud : on apprit que la Corée avait un retard de 334 millions de dollars dans le paiement des ses salaires, que la Russie versait des taux d'intérêt de 100% à ceux qui rachetaient la dette gouvernementale.

Rien, cependant, ne vint davantage contredire les pronostics revendiqués par les touristes hivernaux de Davos que l'expérience thermonucléaire indienne. Les explosions nucléaires du 11 mai dans le désert du Rajasthan n'avaient pas seulement terni l'image d'une Bombay chaleureuse et accueillante offerte par le Forum — "Session n° 164. Inde : maintien du développement économique et du processus de réforme" —, elles avaient également ébranlé la foi du Forum dans les merveilles de la haute technologie. La surprise avait été totale du côté américain et l'échec des services de renseignements était cuisant, la C.I.A ayant accordé une confiance trop grande à son équipement électronique et à son système de couverture géographique. Si même la C.I.A était incapable d'apprendre à penser à ses satellites, qu'adviendrait-il du projet plus vaste d'un gouvernement virtuel, élu à partir des données transmises à des semi-conducteurs ?

Il y eut bien d'autres marques de rejets de l'évangile de Davos. D'abord la frénésie des fusions et des prises de participation qui ravagèrent les provinces de l'empire des mutinationales au cours du printemps et au début de l'été. Rien dans les incantations des apôtres du "Nouvel Ordre de l'Information" qui arpentaient le Forum telle une confrérie de moines, ne nous y avait préparés. Obstinés visionnaires, ils ne se lassaient jamais de dessiner des schémas sur des serviettes en papier, distribuant des paradigmes réalisés à grande vitesse, chantant les vertus inhérentes aux formes cellulaires de l'entreprise. A présent que la guerre froide était terminée, à quoi servaient "Big Brother", le grand gouvernement et les grandes affaires ? La mode du "temps" évoluait, disait-on, dans des directions moins monolithiques et, pour mieux jongler avec les idées, renonçait aux lourds tableaux organisationnels en faveur de schémas intellectuels plus simples.

Les “laïcs” des multinationales écoutaient ce message avec l’extase de croyants nouvellement convertis. Ils louaient les elfes de la Silicon Valley, célébraient les miracles de la flexibilité du temps de travail et ceux de la puce électronique. Mais, dès qu’ils descendaient de leur montagne et retournaient dans le Connecticut ou le Michigan, ils se ralliaient aussitôt à la sainte et inébranlable doctrine selon laquelle seule la taille compte : ce qui est grand est beau, plus c’est grand, mieux c’est.

Après quelques jours de fièvre boursière, tout rentra dans l’ordre, Daimler-Benz racheta Chrysler, NationsBank fusionna avec BankAmerica et Citicorp plaça ses capitaux dans le groupe Traveler’s lors d’un accord conclu à 140 milliards de dollars. Le *New-York Times* avançait pour les cinq premiers mois de 1998 le chiffre de 444 fusions déclarées et de 630 milliards de dollars de prises de participation — contre seulement 260 milliards pendant les cinq premiers mois de 1997. A Washington, la chambre des députés avait passé un décret destiné à soutenir la mise en place de monopoles. Comme ces énormes forteresses se bâtissaient en proportion d'une peur latente, la taille de mammouth des entreprises nouvellement constituées témoignait d'une dose de terreur à l'échelle de la muraille de Chine. Parfois, mais très à l'écart des articles de "une" — le plus riche par-ci, le plus grand par-là —, les journaux mentionnaient une source discrète et anonyme pour expliquer que le courageux et nouveau fusionneur avait agi sous l'emprise de la panique. Certes, il n'y avait plus de risques, la guerre froide était bel et bien terminée et, bien sûr, la libération de l'économie mondiale avait fait pleuvoir sur les consommateurs toutes sortes de bénédictions. Cependant, le nouvel ordre économique avait également engendré des monstres qui émergeaient, tel Godzilla, hors de l'abîme de la dette internationale. Comment dès lors, une multinationale était-elle assurée de sa pérennité et, qui plus est, comment pouvait-elle assumer ce que le professeur Schwab appelait "une présence convenable sur le plan mondial", sinon en devenant l'un de ces lourds robots, mécaniques et gargantuesques, qui traversent en grinçant les films de Georges Lucas ?

Les cadres supérieurs qui, dans la salle de bal, inaugurèrent fièrement, devant les caméras, le nouveau logo amélioré de la corporation des multinationales, eurent le tact de ne faire aucune référence à l'apocalypse. S'ils soupçonnaient l'irruption imminente et malvenue d'une nouvelle vague de RALFs — prix du pétrole et de l'acier en chute constante, quantités de blé invendu s'élevant telles les pyramides d'Egypte dans les plaines du Dakota, trop grand nombre de polos Ralph Lauren décorant les magasins de Canton —, ils se gardèrent bien de transmettre l'information à leurs actionnaires et à la presse financière. Mais ils ne firent pas non plus leurs commentaires dans le style éclairé de Davos. Négligeant de réaffirmer leur foi dans le progrès, dans la raison humaine ou dans la sagesse de John Maynard Keynes, ils laissèrent aux investisseurs perspicaces le soin de déchiffrer dans les "cyber-papillotes du bonheur" le message qu'ils n'avaient pas compris. Peut-être les marchés mondiaux étaient-ils trop imbriqués les uns dans les autres, provoquant par le caprice ou la faiblesse d'une seule de ses parties la déstabilisation de l'ensemble de l'édifice ? Qui dans ces conditions pourrait se permettre de prendre des risques avec un politicien famélique ou un “baht” surévalué ?

Le mois d’août 1998 régla la question en optant pour la panique et la retraite. Le 7, des bombes terroristes détruisirent les ambassades des Etats-Unis au Kenya et en Tanzanie. Dans les seules 24 heures qui suivirent, l’Irak suspendit les inspections d’armement des Nations Unies. L’inondation catastrophique en Chine — sur les flots d’austérité de l’aimable Mr Li — nécessita l’évacuation de 13 millions de personnes et l’abandon de 5 millions de logements. La guerre civile dans l’ancienne Yougoslavie jeta 200 000 Kosovars dans la famine ou dans la forêt. Le président Clinton “castra” ses collaborateurs en reconnaissant sa “relation inconvenante” avec Monica Lewinsky. Une voiture piégée tua 28 personnes en Irlande du Nord. Des missiles américains rayèrent de la carte une caserne en Afghanistan et une usine chimique à Khartoum — pilonnages qui, selon les critères de Mr Richardson, n’étaient ni “substantiels” ni “massifs”, seulement “piqûres d’épingles”. La Malaisie retira sa monnaie de la scène internationale. L’économie russe s’effondra — le peu qui restait du gouvernement

Eltsine ayant dévalué le rouble et suspendu le remboursement de sa dette internationale. Enfin, la valeur moyenne industrielle du Dow Jones accusa une perte de 297 milliards de dollars.

Dès la première semaine de septembre, le Département d'Etat des Etats-Unis conseilla à ses représentants d'évacuer les ambassades en Albanie, au Pakistan, en Afrique de l'Est et au Congo, et les comptables, chargés de glaner dans les ruines de l'économie russe, se rendirent compte que Georges Soros lui-même n'avait pas réussi à contrarier la trajectoire de son fameux "pendule ravageur". Son fonds "Quantum" avait perdu 2 milliards de dollars d'investissement en pariant sur la résistance du rouble : si même le Grand Khan Soros pouvait faire une erreur si coûteuse, qui alors était Dieu, et où donc se trouvait le Paradis ? Le marché libre ne le savait pas et toutes les bourses affichèrent des cours qui fluctuaient vers la hausse ou la baisse, au gré des indices, cherchant des réponses à des questions que les ordinateurs ne pouvaient traduire en mots. Les médias de l'actualité bourdonnaient de théories et d'explications, dont bon nombre étaient livrées aux MSNBC[3] et à la page éditoriale du *Wall Street*

[3] MSNBC Combinaison de Microsoft et NBC

Journal par ces mêmes “spécialistes” qui avaient palabré à Davos. Leur commentaire résumait le malaise “sotto voce” que j’avais ressenti entre les communications dans le hall du Centre, malaise rendu sensible du fait des événements, mais encore peu palpable, flottant dans ce que Klaus Schwab avait appelé “un vide moral et intellectuel”.

Les historiens présentèrent des analogies, les politiciens exprimèrent des espoirs, les économistes suggérèrent des stratégies, les moralistes portèrent des jugements, mais leur sagesse collective ne se résumait à rien de plus qu’à une transmission par signaux de fumée. Aucun gouvernement n’était suffisamment qualifié pour corriger l’échec que l’économie globale avait subi. Aucun gouvernement ni aucune institution, aucun accord international, aucun conseil d’observateurs installé dans un des élégants bâtiments des Nations Unies à Genève, aucun comité à Bruxelles, aucune banque à Francfort, et moins encore aucun des leaders américains, russes et japonais qui venaient d’être pris à revers. Qui, alors, allait tenir la barre du navire en perdition ? C’est Alan Greenspan, président du Comité de la Federal Reserve, qui fut aussitôt investi en pouvoirs et en divinité. Un peu comme cela se passait jadis pour les consuls romains qui partaient en guerre contre Hannibal et les éléphants carthaginois. Conscient de l'urgence de la tâche qui lui incombait, le président fit, le 5 septembre, un discours d'une franchise tout à fait hors norme à l'université de Californie, attirant l'attention sur cette grande vérité d'une grande platitude qui caractérise la nature de l'ordre géo-économique du monde post-moderne : "C'est tout simplement incroyable, déclara-t-il, que les Etats-Unis puissent demeurer une oasis de prospérité insensible aux effets d'un monde soumis à une tension grandissante".

De cette remarque, les marchés financiers déduisirent que la Federal Reserve avait l'intention de réduire les taux d'intérêt et, le lendemain, les valeurs flottèrent un moment à la hausse dans un spasme d'euphorie générale. Le président ne fit pas une impression aussi forte sur le Premier ministre japonais, Kiichi Miyazawa, avec qui il avait dîné à San Francisco le jour de son intervention à Berkeley. Le ministre Miyazawa objecta d'une part que l'on ne pouvait qualifier le Japon "d'ennemi public n° 1", d'autre part que Tokyo et sa mauvaise gestion pendant les sept dernières années n'étaient pas responsables de l'effondrement économique de quatre continents. Il quitta ostensiblement la table, ce qui fut noté comme le signe d'une réticence évidente à se prosterner devant sa majesté, la Rome américaine. Le noble Greenspan regagna Washington sans aucune victoire, accompagné d'aucune escouade d'auditeurs captifs ou de spéculateurs financiers enchaînés. Mais il fut applaudi au Capitole pour son zèle patriotique et les journaux clamèrent haut et fort leur ralliement enthousiaste aux critères de transparence et d'économie. Robert Rubin, ministre du Trésor, fit remarquer : "Tant de pays connaissant en même temps des difficultés, c'est du jamais vu…, une situation sans précédent à bien des égards"

Michel Camdessus, directeur général du FMI, reconnut le danger que représentait une situation "pour le moins qu'on puisse dire pas tout à fait rationnelle".

Ni le président Rubin ni le directeur général Camdessus n'avaient prévu les conséquences de ce qu'ils avaient considéré comme un prêt judicieux aux nations les moins favorisées de la terre. A peine deux mois plus tôt, Camdessus avait déclaré que la Russie était préservée de la crise et Rubin s'était dit abasourdi en découvrant le peu de renseignements que les banques new yorkaises et les fonds communs de placement possédaient sur leurs investissements en Asie. A présent que les problèmes étaient si près de la côte américaine, ils découvraient, avec le regard de jeunes enfants, que le monde était à court d'argent. Il y avait trop de production sur les marchés et pas assez d'argent dans les mains des gens qui désiraient et avaient les moyens d'acheter une nouvelle moto japonaise, un autre costume Armani, ou une autre bouteille de Latour.

Pendant les deux semaines qui suivirent, les médias firent battre le tambour d'un imminent jugement dernier : de nouvelles banques japonaises déposaient leur bilan ; les plus folles rumeurs de récession mondiale circulaient aux quatre coins du globe ; la panique provoquait un afflux torrentiel de capitaux qui submergeaient le marché des valeurs aux Etats-Unis.

Et cela jusqu'au lundi 21 septembre 1998, jour où la Montagne vint à Mammon : de son nuage, l'esprit de Davos descendit sur l'île de Manhattan et prit la forme d'un séminaire d'une journée complète, honoré par la présence du Président et de Hillary Clinton. Si le Forum Economique Mondial ne donna pas sa bénédiction à cette journée, l'intitulé du programme — "Renforcer la démocratie dans l'économie mondiale" — aurait pu être l'œuvre de Klaus Schwab, tandis que la manifestation à la faculté de Droit de l'Université de New York se déroula dans cette atmosphère d'abstraction si conforme aux réunions des "hautes sphères".

Les invités se réunirent à Washington Square, dans une élégante salle lambrissée et, parmi eux, on apprécia la présence opportune de John Sweeney et du directeur de la London School of Economics. La présence de quelques patrons des médias donnait à l'événement une dimension flatteuse. Installés autour d'une table de bibliothèque bien cirée, arborant en son centre une composition florale, les membres de la commission firent assaut d'euphémismes subtils et redondants : la nécessité d'un capitalisme à visage humain, l'urgence d'un déplacement de capitaux d'une spéculation à court terme vers des valeurs à long terme, le manque général de responsabilité civique, les dommages inestimables causés à l'environnement, l'urgence d'une nouvelle architecture financière établie selon les normes du nouvel âge de l'information, la peur de la contagion au Brésil, la transparence encore très peu pratiquée, l'obligation d'une moralité internationale, le besoin urgent de Science, de Technologie, d'Education, d'Ingénieurs !

Le bourdonnement persistant d'inanités sonores se fondit en un discret ronron qui rappelait celui d'abeilles repues. Il était si difficile de rester éveillé et encore plus de prendre des notes sensées que je faillis manquer la seule remarque du programme qui aurait pu provoquer un échange animé. Environ vers 3 heures de l'après-midi, les membres de la commission abordèrent la question de la transparence en Asie, une transparence désastreuse due au peu de surveillance des marchés — pénurie d'agences de réglementation organisées, insuffisance de données dans les ordinateurs, moyens inadéquats de surveillance de la démocratie etc... Et alors que quelqu'un faisait une pause inattendue pour consulter une note, Laura Tyson, ancienne présidente du Comité des conseillers économiques du président Clinton, interrompit la discussion en faisant remarquer que les puissants flux de capitaux qui avaient noyé l'économie asiatique ne provenaient pas d'Asie. Ils provenaient d'Europe et des Etats-Unis, de pays industrialisés on ne peut plus développés, suffisamment bien équipés en données et en outils pour le contrôle de la démocratie.

Ce dont nous parlons ici, dit-elle, c'est d'avidité. De stupidité, de lâcheté, et d'avidité. Nous parlons des investisseurs de Londres, de Paris et de New York qui saisissent la proie de profits faciles pour, quand tourne la chance, chercher à se défausser sur un gouvernement. Nous parlons de la privatisation des gains et de la nationalisation des pertes...

La très honorable compagnie ne suivit pas l'argumentation de Mademoiselle Tyson. Un monsieur eut un échange avec Goldman, Sachs toussota discrètement dans son micro, Hillary Clinton sourit à une caméra de télévision, deux dirigeants des médias réajustèrent leurs très jolies cravates. Le bourdonnement reprit et je ne ressaisis le fil de la conversation que vers 16 heures trente, heure à laquelle le Président Clinton fit son entrée dans la salle, entouré d'une nuée de photographes. Pour le président, ça n'avait pas été une bonne journée. Celle-ci avait débuté, à dix heures du matin, par la transmission sur les ondes du témoignage du grand jury sur l'affaire Monica Lewinsky. Quatre bonnes heures de vidéo inédite, et il était encore trop tôt pour se faire une idée des sondages d'opinion. Les invités de la bibliothèque de la Faculté de Droit lui témoignèrent leur sympathie en l'accueillant par de longs applaudissements enthousiastes. Le président apprécia la courtoisie par un pâle sourire, présenta les trois autres participants de son jury — le premier ministre italien, le président bulgare, son "bon ami Tony Blair" — et anticipa habilement l'éventualité d'une situation embarrassante, se dissimulant aussitôt derrière son personnage d'expert suprême de la politique du pays, tel un maître assistant venu expliquer à ses étudiants attentifs un texte célèbre mais ambigu, du genre "*La Richesse et la pauvreté des nations*".

Le président parla pendant presque deux heures, assumant à la fois le rôle de modérateur et de participant principal, faisant la distinction entre les "internationalistes" et les "isolationnistes", favorisant les méga-choix et les micro-prêts, soutenant la sagesse du noble Greenspan — "l'Amérique n'est pas immunisée ! Nous ne pouvons pas demeurer longtemps une île de prospérité dans un océan de désespoir"—, recommandant une large redistribution des "instruments de pouvoir", appelant à de nouvelles perspectives et concluant par une homélie bien tournée sur l'importance d'un réchauffement mondial.

C'était une déclamation impressionnante, particulièrement impressionnante compte tenu des circonstances dans lesquelles elle s'inscrivait. Mais alors que j'écoutais le président, je commençais à comprendre, plus clairement que je ne l'avais compris à Davos, le sens de la remarque de Klaus Schwab lorsqu'il avait parlé d'une "oligarchie corporatiste emprisonnée dans un vide". Le président des Etats-Unis était là, n'offrant à la perspective d'une récession mondiale qu'une série d'abstractions sans contenu et sans aucun poids d'autorité — morale, intellectuelle, politique ou spirituelle — susceptible de donner à ses paroles un sens et une portée. La pose avantageuse, sérieuse et hautement présidentielle qu'il prenait n'était rien d'autre que cela : une pose, une publicité télévisée améliorée, un décor dans une vitrine de grand magasin.

Sa trop récente confession renforçait l'idée que ses paroles étaient fausses, faites, comme sa présidence, pour êtres vues mais pas entendues. Le jugement du sondage d'opinion du lendemain compterait aussi peu que celui de la machine judiciaire qui allait décider si, oui ou non, elle déclencherait la procédure de destitution. Au vrai, Clinton avait déjà été destitué — destitué bien avant que ses ennemis ne l'entravent avec le satin rouge des sous-vêtements de Monica Lewinsky, destitué avant d'avoir achevé la première partie de son mandat, destitué avant qu'on ne lui donne de quoi financer sa campagne électorale.

Malgré la rhétorique pittoresque que Clinton utilisait parfois contre ses opposants, on avait toujours pu compter sur lui pour éviter de chercher querelle à "l'égoïste théorie géo-économique" qui menaçait de révéler sa véritable nature dans les supermarchés, fussent-ils américains ou asiatiques. Plus je l'écoutais parler, plus je pouvais me l'imaginer au Carnaval de Davos, énonçant d'un air suffisant les bilans de fin d'année, jonglant avec les anticipations, heureux d'accepter comme principe de base le fait que la démocratie consistait en un programme d'affaires publiques que les parrains des multinationales pouvaient promouvoir et financer. Pas plus que Georges Soros, il ne savait comment éviter "la trajectoire du pendule ravageur" et son étonnement naïf donnait la mesure de la façon dont "l'aristocratie de nos riches corporations" — selon la célèbre formule de Jefferson — avait anéanti la volonté d'une politique nationale.

Le séminaire se termina par une "standing ovation" — qui rendait hommage autant au discours du président sur l'économie mondiale qu'à la force impressionnante dont Hillary avait fait preuve face au scandale. Parmi les gens qui se dirigeaient vers la sortie, je cherchai Ingo Walter, directeur du centre Salomon de l'Université de New York, qui avait eu l'idée de l'acronyme RALFs. Je me souvenais qu'à Davos, il avait également fait remarquer que les directeurs de banque devaient "assumer une tâche analogue à celle des gardiens de zoo, lesquels doivent maîtriser des animaux sauvages". Comment se faisait-il, voulais-je maintenant lui demander, que tant d'animaux se soient échappés de leur cage ? Où iraient-ils ? De qui se nourriraient-ils ? Je ne pus trouver Walter dans la foule, mais, à Washington Square, j'avisai deux hommes assis sur un banc, vêtus de sacs poubelles, se parlant à eux-mêmes, perdus dans ce qui m'a semblé être le rêve d'un paradis illégal. Je ne pus m'empêcher de remarquer que leurs sourires béats n'étaient pas plus figés ni plus distants que ceux des invités de la faculté de Droit occupés à siroter du "dialogue" à la paille.

A l'automne 1998, la menace de récession mondiale s'estompa et avec elle les craintes qu'elle suscitait. Et c'est avec une confiance renouvelée en leur propre sagesse que les capitaines d'industrie retournèrent en Suisse, à la fin janvier, pour y donner leur représentation annuelle à Davos. Le produit intérieur américain brut avait augmenté au mois de décembre de 5,6%, les prix à la bourse de New York affichaient des hausses spectaculaires. Et la brillante compagnie, de nouveau réunie sur l'alpe enneigée, se réconforta à la lecture de ces chiffres qui lui apportaient la preuve de la bienveillance universelle et de l'équité de la providence.

Le professeur Schwab avait effectué quelques changements dans le choix des acteurs, il avait remplacé l'évêque Desmond Tutu par Nelson Mandela et le chancelier Helmut Kohl par le chancelier Gerhard Schroeder ; mais, même si les noms de Shoichiro Toyoda et de Viktor Tchernomyrdine n'y figuraient plus, la liste des participants continuait de resplendir de noms importants, son éclat rehaussé par l'inscription des noms de Ted Turner et de Yasser Arafat à côté de ceux de George Soros et de Bill Gates. Le mot d'ordre de cette représentation 1999 se révéla être "mondialisation et responsabilité" ; il permettait aux participants de reprendre le cours du dialogue de l'année précédente à la réplique, concernant l'importance qu'il y avait à ensemencer la jungle du marché libre des graines du scrupule moral. C'était, bien évidemment, une tâche à entreprendre d'urgence mais on ne savait pas vraiment comment s'y prendre ; il fallait donc la concevoir comme une occasion de débiter subtilement des platitudes quant à la nécessité de doter d'un "cœur visible" la "main invisible de dame Fortune", productive mais pas toujours tendre.

Tout comme pendant mon premier séjour à Davos, je fis la tournée des diverses salles de réunion du centre des Congrès, je pris part aux dîners à l'hôtel Rinaldi, me mis à l'écoute des mots sacrés qu'on murmurait ("contagion", "paradigme", "réduction du coût du travail") et fis une provision abondante d'informations nouvelles. J'entendis bon nombre de personnes parler du souci qu'elles se faisaient pour l'avenir de l'Europe et pour celui de l'humanité. Je pris dûment note des paroles sentencieuses que Ted Turner prononça à propos de la disparité honteuse qui existait entre les royaumes des riches et les nations des pauvres (“Il est inacceptable qu'un petit nombre d'hommes possèdent des billions et que des billions d'hommes ne possèdent rien. C'est une situation à risques.”). Je ne trouvai cependant personne qui se risque à hasarder la moindre suggestion quant à la manière dont on pourrait réduire les énergies déchaînées des principaux marchés de la planète et oracle; bien que je n'aie pas toujours saisi le sens de ce qu'il disait, je me rappelle avoir été surpris quand il se mit, en manière de conclusion, à se plaindre du ressentiment et de l'ingratitude tangibles qu'il avait constatés dans les salles de réunion de Davos — des manifestations d'un anti-américanisme qu'il trouvait plein de mauvaise foi. Et, si je m'étais attendu à autre chose — par exemple à ce que les mots veuillent dire quelque chose — c'est que je n'avais pas compris les règles du jeu, démontrant en cela combien je manquais de sophistication. Pourquoi les hommes de Davos se seraient-ils soucié de savoir s'ils se trompaient sur la situation au Sri

Lanka ou sur l'avenir des Balkans ? Il n'y avait pas un an de cela, ils n'avaient pas remarqué les signes annonciateurs d'une révolution en Indonésie, ni ceux de l'effondrement de la Russie ou ceux des essais thermo-nucléaires en Inde et au Pakistan; ils avaient prédit que le président Clinton serait mis en accusation et Sadam Hussein anéanti; ils n'avaient pas compris que les marchés financiers du monde entier avaient été pris de panique à la fin du mois d'août et au début du mois de septembre. Mais qu'est-ce que cela changeait ? Ils étaient là, de nouveau, à Davos, sans qu'aucune atteinte n'ait été portée à leur vanité, à étudier avec la même assiduité et l'alcool de prune et les cartes routières; leurs livres blancs, tout dorés et pleins d'abstractions fantaisistes, à l'abri de toute détérioration grâce à des sociétés dont les actifs s'élevaient à environ 4 trillions de dollars. Les hommes de Davos avaient monnayé le privilège de jeter sur le monde le même regard qu'ils jetteraient sur un tableau; de plus, contrairement aux hommes pauvres des basses-terres de cette planète, ils pouvaient se permettre le luxe de commettre des erreurs.

En janvier 1999, comme en 1998, les réunions se succédèrent, pendant cinq jours, de façon ininterrompue. Puis, les hommes de Davos quittèrent leur montagne magique, emportant avec eux un catalogue de certitudes qui allaient se révéler, comme en 1998, totalement inadaptées aux évènements de l'année qui s'ouvrait.

Jamais dans les discussions, ne fut envisagé le désastre qui submergea, début mars, le Kosovo. Les soixante-dix-huit jours et nuits de bombardements, par l'OTAN, frappèrent du sceau de l'absurdité pratiquement tout ce qui avait été dit, par pratiquement tout le monde, sur la générosité de la *Pax Americana*. L'augmentation rapide du prix du pétrole — de 15 $ le baril en avril à 22 $ en septembre — vint contredire l'opinion toute faite, partagée par les banquiers britanniques comme par Larry Summers, selon laquelle le prix des marchandises sur la planète entière est fixé par l'Amérique… A la mi-octobre, le Sénat des Etats-Unis rejeta le Traité de contrôle de conformité (Test Ban Treaty) par un vote qui était clairement hostile aux idées "davosiennes" sur la nécessaire "transparence". Enfin, en décembre à Seattle, l'opinion populaire manifesta avec force contre l'Organisation mondiale du commerce, l'OMC, et stigmatisa le rêve que poursuivent nos capitaines d'industrie : marier les deux mots “responsabilité et mondialisation”. Dans l’atmosphère euphorisante et légère de Davos, sous la bienveillance des plus grosses fortunes du monde, peut-être ce mariage avait-il un sens ? En tout cas, ramené au niveau de la mer, il venait de s’illustrer par des bagarres dans les rues de Seattle et par des pavés dans les vitrines de Nike Town.

GLOSSAIRE

Argent
Lumière du monde et autorité du ciel.

Austérité
Programme sain et revigorant de discipline fiscale pour ceux qui n'ont pas les moyens de fréquenter une école de commerce. Sa pratique constante encourage un sobre respect de la valeur de l'argent.

Bosnie
Histoire tragique.

Bureaucrates
Ennemis de la libre entreprise. Aucun bureaucrate ne sait ce que c'est que recevoir un bulletin de salaire ou prendre un risque. L'Europe en compte beaucoup trop.

Chômage
Contrôle nécessaire de l'inflation.

Consensus
Toujours préférable à la discussion. Utilise un registre de voix qui n'est pas sans ressembler à celui du concierge d'un hôtel première classe.

Contagion
N'offre jamais un spectacle agréable. Les monnaies contaminées brunissent dans les coins et s'effritent sur les bords.

Corruption
Marque de maturité d'une société. La pratique de l'offre et de l'acceptation de pots de vin tient d'une leçon de civilité.

Culture
Nom fantaisiste pour décrire les costumes traditionnels que les enfants portent les jours fériés.

Démocratie
Système de gouvernement dépassé incapable de répondre aux défis du XXIème siècle.

Dialogue
Elixir de vie administré en grandes quantités aux gens trop pauvres pour acheter du Prozac ou de la cocaïne.

Dictateurs
Ils savent ce qu'ils veulent. Souvent plus faciles à gérer que les législateurs élus.

Economie mondiale
Mécanisme merveilleusement décoré, actionné par de sages financiers pour garantir le bonheur de l'humanité. Demande la participation d'investisseurs plutôt que de citoyens.

Ethique
Articles d'artisanat indigène. Les plus beaux sont en pierre de savon, en ivoire ou en bois de santal.

Fascisme
Système beaucoup plus gai et plus efficace qu'on ne le suppose en général. Hitler lui donna une mauvaise réputation.

Fonds Monétaire International
Ne possède pas suffisamment d'argent pour acheter la France, encore moins pour gouverner le monde.

Guerres (les)
Les seules guerres importantes mobilisent les grandes firmes multinationales et non les nations.

Haiti
Histoire tragique.

Histoire
Connut une fin heureuse en 1989.

Idéalisme
Substance dangereuse. Abandonné trop longtemps à la température de la pièce sur une table de bibliothèque, l'idéalisme se fige en idéologie, ce qui engendre le totalitarisme et les règnes puritains de la vertu. Robespierre était idéaliste. De même Lénine.

Intégration (ses partisans)
Gens audacieux et sophistiqués qui reconnaissent le caractère inévitable de l'économie mondiale et apprécient la distinction entre le Mouton-Rothschild et le Cordeillan-Bages.

Laissés pour compte (les)
Gens arriérés et peureux qui ne savent pas faire marcher les ordinateurs. Ils mènent de tristes vies et meurent en général avant d'avoir atteint l'âge de soixante ans.

Libertés civiles
Privilèges accordés aux minorités, aux criminels, aux radicaux et aux pauvres peu méritants. Très coûteux.

Mac Donald
Symbole de la démocratie.

Main d'œuvre à bon marché
Ingrédient nécessaire à la fabrication d'un bon cake.

Manteau de fourrure
Symbole de démocratie.

Marchés émergents
Comparables aux clubs de strip-tease et aux chauffeurs de taxi hongrois. Il convient de les approcher avec prudence.

Marché libre
Le peu de gens qui remettent encore en question son omniscience appartiennent à des sectes religieuses douteuses.

Monopole
Glorieuse manifestation de l'ingénuité humaine. Source de toutes nos bénédictions.

Multiculturalisme
Les grands magasins le comprennent mieux que les universités.

Multinationales
Institution de la fin du XXème siècle comparable à l'église médiévale ou aux légions de la Rome ancienne. Le fait d'exister dans le royaume de l'abstraction lui donne la possibilité d'engendrer ses propres parents.

Nationalisme
Dernier refuge des pays petits et pauvres ne bénéficiant pas d'une industrie touristique développée. Au lieu de courts de tennis et de ports de plaisance, ils offrent des émeutes de rues et des pillages récréatifs.

Pauvres
Produits dérivés de l'économie mondiale, suscitant l'inspiration. Ils accomplissent une tâche nécessaire, rappelant aux gens qui bénéficient d'une situation plus confortable que la civilisation entraîne des sacrifices.

P.D.G
Champions du peuple, héros de notre époque. La clairvoyance de leur esprit leur permet d'éliminer 40 000 ouvriers superflus sans l'ombre d'un scrupule ou d'une hésitation.

Politiciens
Etaient jadis des personnages de marbre. Sont à présent des hommes de paille.

Profits
Jamais indécents ni obscènes.

Programme de consensus minimum
Termes selon lesquels un gouvernement abdique en faveur d'un consortium de banques.

Réforme budgétaire
Noble cause. Ronald Reagan y croyait. Il en était de même pour Margaret Thatcher et Charles de Gaulle. Il est impossible de faire une traduction littérale de cette expression dans aucune des langues asiatiques.

Règlement gouvernemental
Semblable à des serpents ou des plantes grimpantes. Entrave et étouffe les nerfs de l'industrie.

Renflouement
Terme difficile car ses deux significations contraires dépendent uniquement du contexte. Ainsi a) si on se réfère à l'investissement de quelqu'un d'autre : fraude criminelle perpétrée par des banquiers corrompues et des politiciens menteurs Ou b) si on se réfère à son propre investissement : juste récompense accordée à un entrepreneur courageux.

Rwanda
Histoire tragique.

Slogans de campagnes
Equivalents politiques des bons de réduction publicitaires.

Smith, Adam
Grand homme. L'avatar équivalent de Bill Gates pour le XVIIIème siècle.

Souveraineté économique
Accordée aux corporations, non aux gouvernements. Les parlements du monde sont utilisés au bon plaisir des marchés mondiaux.

Surpuissance
Notre ruine à tous.

Technologie
Indispensable. Il est difficile de se souvenir comment l'homme a pu survivre sans elle.

Terroristes
Les membres les plus dangereux des bonnes familles.

Titanic
Navire célèbre. Les imbéciles les comparent à l'économie mondiale.

Transparence
Vaut son poids en or.

APPENDICE

A titre d'exemple, voici une liste très représentative des participants aux réunions du Forum Economique Mondial de Davos. Celle-ci concerne le Forum de janvier 1998.

Responsables des multinationales

Alireza, Khalid A, *Président* Compagnie du cable saoudien, Arabie Saoudite
Argüden, Yilmaz, *Président* Erdemir, Turquie
Bhaskaran, Manu, *directeur*, Agence de sécurité Socgen-Crosby, Singapour
Chan, Ronnie C, *Président,* Compagnie de développement Hang Lung, ltd, Hong Kong
Gates, William H.III, *Président et cadre principal d'administration*, Microsoft Corporation, USA
Herkströter, Cor A.J., *Président*, Royal Dutch/ Shell, Pays-Bas
Holliday, Shaun, *President Directeur Général*, Groupe Guinness d'Irlande, Irlande
Idei, Nobuyuki, *Président et Directeur représentatif*, Corporation Sony, Japon
Jing Shuping, *Président*, Fédération All-China de l'industrie et du commerce, Chine
Lindahl Göran, *Président et cadre principal*, ABB Asea Brown, Boveri Ltd Suisse
Maugham, Deryck C, *co-président, co-cadre supérieur*, Salomon Smith Barney, USA
Monod, Jérôme, *Président du bureau de surveillance*, Suez Lyonnaise des Eaux, France
Naki, Nasser, *Vice-président*. Métaux légers d'Arabie KSC, Koweit
Orsi, Vittorio, *Président du bureau*, Fondations et structures SCAC Ltd, Brésil
Piëch, Ferdinand, *Président du conseil de gestion*, Volkswagen AG, Allemagne
Piramal, Ajay G, *Président*, Enterprise Piramal Ltd, Inde
Romulo, Roberto R, *Président*, Compagnie de téléphone longue distance des Philippines, Philippines
Soros, George, *Président*, Direction des fonds Soros, USA
Sutherland, Peter D, *Président Directeur Général*, Goldman, Sachs International, UK
Toyoda, Shoichiro, *Président*, Toyota Motor Corporation, Japon

Représentants gouvernementaux, politiciens élus

Ahluwalia, Montek Singh, *Ministre indien de l'Economie et des Finances*, Inde
Akayev, Askar, *Président du Kurdistan*, Kurdistan
Azoulay, André, *Conseiller de Sa Majesté le roi Hassan II du Maroc*, Maroc
Ballivian, Amparo, *Vice-Ministre de l'Investissement et de la Privatisation de Bolivie*, Bolivie
Barre, Raymond, *Maire de Lyon, Premier ministre français 1976 - 81*, France
Bildr, Carl, *Président du parti modéré*, Suède
Byanyima, Winnie, *Membre du Parlement*, Uganda
Downer, Alexander, *Ministre australien des Affaires étrangères*, Australie
Gingrich, Newt, *Porte-parole, Chambre des Députés*, USA
Kharrazi, Kamal, *Ministre des Affaires étrangères de la République Islamique d'Iran*, Iran
Kohl, Helmut, *Chancelier fédéral allemand*, Allemagne
Li Lanquing, *Vice premier ministre de la République Populaire de Chine*, Chine
Mbeki, Thabo, *Vice Président sud-africain de l'exécutif*, Afrique du Sud
Menern, Carlos Saul, *Président d'Argentine*, Argentine
Sakakibara, Eisuke, *Vice Ministre des Finances pour les affaires internationales*, Japon
Santer, Jacques, *Président de la commission européenne*, Bruxelles, Communauté Européenne
Sweeney, John, *Président*, Fédération américaine du travail et Congrès des organisations industrielles (AFL-CIO) Etats-Unis
Tchernomyrdine, Viktor, *Premier Ministre russe*, Russie
You, Jong-Keun, *Principal conseiller du président élu, pour la politique économique de la République de Corée*, Corée
Zedillo Ponce de Leon, Ernesto, *Président du Mexique*, Mexique

Les médias

Auletta, Ken, *Chroniqueur*, le New Yorker, Etats-Unis
Aleksandrowicz, Piotr, *Rédacteur en chef*, Rzeczpspolita, Pologne
De Andrade, Sergio, *Rédacteur en chef*, Journal de Noticias, Portugal
Bartley, Robert, *Rédacteur*, The Wall Street Journal, Etats-Unis
Bergström, Hans, *Rédacteur en chef*, Dagens Nyheter, Suède
Carruba, Salvatore, *Rédacteur, direction du groupe*, Il Sole 24 Ore, Italie
Ceberio, Jesus, *Rédacteur en chef*, El Pais, Espagne
Fenby, Jonathan, *Rédacteur*, South China Morning Post, Hong Kong
Foges, Peter H., *Cadre supérieur de production*, Adam Smith's Money World, Etats-Unis
Gergen, David R., *Rédacteur général*, US NEWS&World Report, Etats-Unis
Izraelewicz, Erik, *Rédacteur en chef*, Le Monde, France
Jones, James A., *Rédacteur en chef*, Business Day, Afrique du Sud
Kaplan, Robert D., *Auteur et rédacteur associé*, The Atlantic Monthly, Etats-Unis
Kojima, Akira, *Rédacteur en chef*, Nikkei-Nihon Keizai Shimbun, Japon

Pietila, Antri-Pekka, *Rédacteur en chef supérieur,* Taloussanomat, Finlande
Pushkov, Alexei, *Directeur des Affaires Etrangères*, Télévision publique russe, (ORT) Russie
Quiring, Holger, *Rédacteur en chef*, Vezeinigte Wirtshaftsdienste, Allemangne
Safire, William, *Chroniqueur*, New York Times, Etats-Unis
Sarkar, Aveek, *Rédacteur en chef*, Ananda Bazar Patrika, Inde
Selman, Elias A., *Directeur*, Revista America Economia, Chili

Les banquiers

Ackermann, Joseph, *Membre du comité de direction*, Deutsche Bank A.G, Allemagne
Akisik, Vural, *Cadre de direction*, Turk Dis Ticaret Bankasi As (DIS-BANK) Turquie
Alweendo, Tom, *Directeur*, Bank of Namibia, Namibie
Aziz, Shaukar, *Directeur,* Saudi American Bank, (SAMBA) Etats-Unis, Pakistan
Blum, Georges, *Président du comité de direction*, Swiss Bank Corporation, Suisse
Courtis, Kenneth S. *Economiste et stratège principal*, Deutsche Bank Group, Asia Pacific, Japon
Down, William A., *Vice président Directeur Général*, Global Corporate Banking, Banque de Montréal, Canada
Frenkel, Jacob A., *Directeur*, Bank of Israel, Israel
Källäker, Häkan, *Vice président de l'Executif, et Directeur des marchés bancaires suédois*, Foreningssparbanken AB (Swedbank) Suède
Kohlhausen, Martin, *Président du comité de direction*, Commerzbank AG, Allemagne
Kostrzewa, Wojciech J., *Premier adjoint au président*, BRE Bank SA, Pologne
Lipp, Ernst-Moritz, *Membre du comité de direction*, Dresdner Bank AG, Allemagne
Ng Thow Hing, Mary, *Chef de division du groupe*, State Bank of Mauritius,Ltd, Ile Maurice
Nourbakhsh, Moshen, *Directeur*, Banque centrale de la République Islamique d'Iran, Iran
Roubstov, Alexander, *Directeur adjoint du comité de direction*, National Reserve Bank, Russie
Stiglitz, Joseph E., Vice *Président senior*, World Bank, Etats-Unis
Trichet, Jean-Claude, *Directeur de la Banque de France*, France
Wanless, Derek, *Directeur général*, National Westminster Bank , UK
Ward, John A., *Président Directeur Général*, banque American Express, Etats-Unis

Les experts en observation, et intellectuels divers

Achleitner, Ann-Kristin, *Professeur pour la banque et la finance,* European Business School, Allemagne

Albats, Yevgenia M., *Auteur de "La question juive", et de "L'Etat dans l'état le KGB et son emprise sur la Russie"*, Russie
Baginda, Abdul Razak Abdullah, *Cadre de direction*, Centre de recherche de Malaisie, Malaisie
Boorstin, Daniel J., *Bibliothécaire émérite*, Bibliothèque du Congrès, Etats-Unis
Dornbusch, Rudi, *Professeur d'économie*, Institut Technologique du Massachussetts, Etats-Unis
Lo Hang Lap, Raymond, *Expert Fen Shui*, Hong Kong
Maull, Hanns W., *Professeur de relations internationales et de sciences politiques*, Université de Trèves, Allemagne
Mernissi, Fatima, *Professeur de sociologie*, Université Mohamed V, Maroc
Mohan, Rakesh, *Directeur général*, national Council of Applied Economic Research, Inde
Morand, Pascal, *Directeur général*, Institut Français de la Mode, France
Mphalele, Es'kia, *Conseiller pour l'éducation, auteur et professeur de littérature*, Université de Witwatersrand, Afrique du Sud
Nickel, Stephen, *Professeur et directeur*, Institute of Economics and Statistics, Oxford, UK
Rosen, David, *Principal Rabbin, directeur*, ligue Anti-Difamatoire, Bureau d'Israël, Président international de la Conférence Mondiale sur la Religion et la Paix, Israël
Schwab, Klaus, *Fondateur et Président*, Forum Economique Mondial, Suisse
Searle, John R, *Professeur de philosophie de l'esprit et du langage*, Université de Californie, Berkeley, Etats-Unis
Shimada, Haruo, *Professeur d'économie*, Université de Keio, Japon
Spivakov, Vladimir, *Violoniste, chef d'orchestre et président*, Fondation de Charité Internationale, Russie
Tutu, Desmond M, *Archevêque émérite et président*, Commission pour la Vérité et la Réconciliation, Afrique du Sud
Walter, Ingo, *Professeur pour la Finance et l'Economie Appliquées, et directeur*, Centre Salomon, Université de New York, Etats-Unis
Wiesel, Elie, *Professeur d'Humanités*, Université de Boston, Etats-Unis

Les diplomates

Al-Thari, Fahad Awaida, *Ambassadeur et Représentant permanent du Qatar auprès des Nation Unies*, Genève, Qatar
Annan, Kofi, *Secrétaire Général des Nations Unies*, Nations Unies
Arlacchi, Pino, *Secrétaire Général adjoint des Nations Unies et directeur général du bureau pour la prévention contre la drogue et le crime*, Venise, Italie
Bekic, Drako, *Ambassadeur et représentant permanent de la République de Croatie auprès des Nations Unies*, Genève, Croatie
Castillero, Juan A., *Ambassadeur extraordinaire du Panama auprès de la Suisse*, Panama
Gadaud, André, *Ambassadeur de France en Suisse*, France
Gomes, concalo de Santa Clara, *Ambassadeur et représentant permanent du*

Portugal auprès des Nations Unies, Genève, Portugal
Harbinson, Stuart, *Représentant permanent de Hong Kong auprès de l'Organisation du Commerce Mondial à Genève*, Genève, Hong Kong
Jokonya, Tichaona J.B., *Ambassadeur et représentant permanent du Zimbabwe auprès de Nations Unies*, Genève, Zimbabwe
Kalakrishnan Kizhakke Pisharath, *Ambassadeur d'Inde en Suisse*, Inde
Lamdan, Yosef, *Ambassadeur et représentant permanent d'Israël auprès des Nation Unies*, Genève, Israël
Loaysa, Javier, *Chargé d'affaires bolivien auprès des Nations Unies*, Genève, Bolivie
Maimeskoul, Mykola, *Ambassadeur et représentant permanent d'Ukraine auprès des Nations Unies*, Genève, Ukraine
Matsunaga, Nobuo, *Envoyé spécial du gouvernement du Japon*, Japon
Padilla, Ezequiel, *Ambassadeur du Mexique en Suisse*, Mexique
Pramudwinai, Don, *Ambassadeur extraordinaire et plénipotentiaire de Thaïlande en Suisse*, Thaïlande
Ramlavi, nabil, *Ambassadeur et représentant permanent de l'Autorité palestinienne auprès des Nations Unies*, Genève, Palestine
Richardson, Bill, *Ambassadeur des Etats-Unis auprès des Nations Unies*, New York, Etats-Unis
Wu Jianmin, *Ambassadeur et représentant permanent de la République Populaire de Chine auprès des Nations Unies*, Genève, Chine
Zahran, Mounir, *Ambassadeur et représentant permanent de l'Egypte auprès des Nations Unies*, Genève, Egypte

Les Scientifiques, Mystiques et Technoprophètes

Berners-Lee, Tim, *Directeur*, World Wide Web Consortium ; *Responsable de la recherche*, Laboratoire de l'Institut de Technologie du Massachussetts pour la Recherche Informatique, Etats-Unis
Chaum, David, *Fondateur et responsable technologique*, Digicash BV, Pays-Bas
Cohen, Daniel, *Responsable chargé de la génomique*, Centre de Recherche Génomique, GENSET, France
Grutzen, Paul J., *Directeur*, Division de la Chimie Atmosphérique, Institut de Technologie Max-Planck, Allemagne
Dertouzos, Michael, *Directeur, MIT, laboratoire pour la recherche en informatique, et professeur de science informatique et d'ingénierie électrique*, Institut de Technologie du Massachussetts, Etats-Unis
Huber, Martin C.E., *Directeur*, Département des Sciences de l'Espace, ESTEC/ESA, Pays-Bas
De Kerkhove, Derrick, *Directeur*, Programme Mac Luhan de Culture et Technologie, Université de Toronto, Canada
Lanier, Jaron, *Scientifique en visite*, Université de Colombie, Chef de la recherche, Initiative nationale de Tele-Immersion, Etats-Unis
Marks, Joan H, *Directeur du programme sur la génétique humaine*, Collège Sarah Lawrence, Etats-Unis

Mac Gowan, Alan H., *Directeur,* Programme de Vulgarisation de la Science, American Association for the Advancement of Science (AAAS), Etats-Unis

Negroponte, Nicholas, *Directeur,* laboratoire des médias , Professeur de technologie des médias, Institut de Technologie du Massachussetts ; *Président*, Fondation 2BI, Etats-Unis

Peccoud, Dominic, *Prêtre jésuite* ; membre de l'Académie Nationale d'Ingénierie (CADAS), France

De Rosnay, Joël, *Directeur de stratégie,* Cité des Sciences et de l'Industrie, France

Saffo, Paul, *Directeur,* Institut pour le Futur, Etats-Unis

Schapowal, Andréas G., *Premier assistant et directeur,* Unité d'Allergologie et de Médecine Environnementale, Ecole de médecine de Hanovre, Allemagne

Sunyaev, Rashid A., *Directeur,* Institut Max Planck pour l'Astrophysique, Allemagne ; *Directeur du Département de Haute Energie en Astrophysique,* Institut de recherche spatiale, Académie Russe des sciences, Russie

Tapscott, Donald, *Président de l'Alliance pour les Technologies Convergentes,* Canada

Warwick, Kevin, *Professeur de Cybernétique,* Université de Reading, UK

Woo, Chia-Wei, *Président,* Université des sciences et de Technologie, Hong Kong

Zinkernagel, Rolf M., *Directeur,* Institut Expérimental d'Immunologie, Université de Zurich, Suisse.

Achevé d'imprimer sur les presses de l'Imprimerie BARNÉOUD
B.P. 44 - 53960 BONCHAMP-LÈS-LAVAL
Dépôt légal : janvier 2000 – N° d'imprimeur : 11740